Herstellung: Libri Books on Demand

ISBN 3-8311-0507-3

Jörg Großmann

Reprografie Digital

Technik und wie sie funktioniert

Vorwort

Vor einigen Jahren übernahm ich die Leitung einer Abteilung Reprografie. Schon bald danach wurde mein bis dahin vertrautes Verhältnis zu Computern durch den Umgang mit reprografischen Maschinen getrübt. Im Zweifel an mir selbst glaubte ich zunächst, die vermeintliche Künstliche Intelligenz der Maschinen und Programme nur nicht zu verstehen. Dann investierte ich sehr viel Zeit und Geld in Bücher und praktische Experimente.

Das Ziel der folgenden Zeilen ist es, anderen Leuten in ähnlicher Situation etwas von diesem Aufwand zu ersparen. Es ist dies also keinesfalls ein Lehrbuch, sondern nur eine Zusammenstellung persönlicher praktischer Erfahrungen.

Andere Leute haben vielleicht andere persönliche praktische Erfahrungen. Unter www.libri.de gibt es die Möglichkeit diese in der vorliegenden Form und völlig frei von Interessen Dritter sehr günstig und bequem zu publizieren.

Fedderwarden, den 18.06.2000

Jörg Großmann

Inhalt

A   Das Umfeld der digitalen Reprografie

„Die Grundlage des Mehrproduktes ist die Arbeitsteilung" Mit diesem Satz beschrieb ein berühmter Philosoph die gesellschaftliche Entwicklung die uns von: „jeder sucht sich im Wald seine Nahrung selbst" bis zu dem heute immer mehr Bereiche umfassenden globalen Markt führte.

Irgendwann auf diesem erfolgreichen Weg entstand die Reprografie als externe Dienstleistung. Heute nennt man das auch Outsourcing. Die Dienstleistung bestand in der Reproduktion von Unterlagen. Stellt man input und output gegenüber, ergibt sich die folgende Tabelle:

Input	Output
Papier	Papier

In den Betrieb wurde das Original, z.B. eine Zeichnung (in der Regel Papier), gegeben. Dort entstand durch Kopieren mit einem Großkopierer die Großkopie, bzw. durch Lichtpausen die Lichtpause (Papier).

Heute gehört zur Dienstleistung auch die Verarbeitung digitaler Daten. Stellt man input und output gegenüber, ergibt sich nun die folgende Tabelle:

Input	Output
Papier	Papier
Papier	Daten
Daten	Papier
Daten	Daten

Nach wie vor spielt die Reproduktion von Papier auf Papier eine wesentliche Rolle. Daneben haben sich digitale Dienstleistungen etabliert. Dabei werden:
- Originale der Kunden digitalisiert,
- die Daten der Kunden auf Papier gebracht und
- die Daten der Kunden transformiert.

Außerdem werden als Dienstleistung Ressourcen bereitgestellt, die über Telefonanschlüsse durch Kunden genutzt werden.

Mit den Inhalten und Verfahren ändert sich auch das Verständnis der Dienstleistung. Eine Kopie ist materiell. Sie kann ohne technische Hilfsmittel mit hoher Sicherheit beherrscht werden. Digitale Daten sind nur ein Zustand eines Datenträgers. Sie können ohne technische Hilfsmittel nicht einmal wahrgenommen, geschweige denn kontrolliert werden.

B   Produkte

Mit der digitalen Reprografie entstanden neben den herkömmlichen Dienstleistungen neue Produkte. Die Nachfrage dafür entwickelt sich aus den digitalen Prozessen des Kunden.

B1   Neue Produkte der digitalen Reprografie

Typische neue Produkte der digitalen Reprografie sind:
- Scan
- Vektorisierung und
- Plot.

B1.1   Scan

Als Scan wird eine in eine Datei gescannte Zeichnung verkauft. Dazu wird die Zeichnung mit einem Scanner optisch abgetastet. Dabei wird die Oberfläche der Zeichnung belichtet. Lichtempfindliche Bauelemente, z.B. Kammeras messen die Reflexionen. Das Ergebnis wird an einen Rechner übertragen und letztendlich in eine Datei geschrieben. Das Bild der Zeichnung ist dann in der Datei abgelegt. In der Datei steht, welcher Punkt an welcher Stelle welche Farbe hat.

Für den Scan gilt es das Farbformat, die Auflösung und das Dateiformat mit dem Komprimierungsverfahren festzulegen:

B1.1.1 Farbformat

Als Farbformate sind Farbe, Grau und Schwarz/Weiß üblich. Das Farbformat beeinflußt die Dateigröße ganz erheblich. Jenseits aller Komprimierungsverfahren werden für einen Bildpunkt:

- in schwarz/weiß 1 Bit,
- für grau 8 Bit=1Byte (256 mögliche Werte für Grau) und
- für Farbe 3 Byte (je 256 mögliche Werte für Rot, Grün und Blau) benötigt.

Für die Darstellung von Farbe gibt es außerdem noch weitere Möglichkeiten. Die bekanntesten sind die Darstellung in den Farben CMYK und die sogenannte Palette. Die Farbpalette einer Zeichnung enthält eine Definition aller in der Zeichnung vorkommenden Farben. Die Farbe der einzelnen Punkte der Zeichnung wird dann nicht mehr durch die Werte für die Grundfarben, sondern durch einen Verweis auf die Palette charakterisiert.

B1.1.2 Auflösung

Ein digitales Bild besteht aus vielen einzelnen Bildpunkten. Die Dateien von schwarz/weißen Zeichnungen enthalten nur die Information, ob ein Punkt an einer bestimmten Stelle schwarz oder weiß ist.

Für die Qualität des Bildes in der Datei ist die Anzahl der Bildpunkte, mit der eine bestimmte Fläche dargestellt wird, entscheidend. Dieses

Merkmal wird als Auflösung bezeichnet. Die Auflösung kann für die Höhe und die Länge des Bildes unterschiedlich sein. Die übliche Maßeinheit ist dpi (dots per inch). "dots" sind die Bildpunkte. Ein inch entspricht 2,54 cm. Hat ein Bild eine Auflösung von 400 dpi, so ist jeder cm² mit 24.800 Punkten beschrieben. Das Prinzip ist auf der folgenden Abbildung dargestellt. Es geht um die Darstellung des Buchstaben „A". Die Zeichnung ist 3,75 cm breit und 4,50 cm hoch. Zur Veranschaulichung wurde ein Raster von 0,25cm*0,25cm eingetragen. Das Raster widerspiegelt die Funktion der Auflösung. Die Quadrate des Rasters entsprechen den zur Verfügung stehenden Bildpunkten. Es sind 4 pro cm. Das ergibt eine Auflösung von etwa 10 dpi. Für die Darstellung eines cm² des Bildes stehen somit 16 Bildpunkte zur Verfügung. Die Bildpunkte können schwarz oder weiß sein.

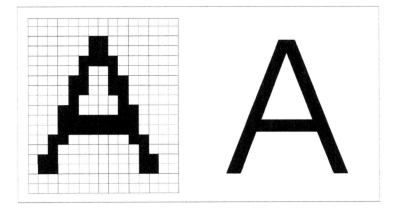

Das Rechte „A" wurde mit einer Auflösung von 400 dpi erzeugt.

Das Ergebnis dieser Darstellung mit sehr geringer Auflösung ist nicht schön, aber sparsam. Für die Darstellung der Bildpunkte des linken Bildes werden 270Bit benötigt. Für die gleiche Fläche würden rechts etwa 418.500Bit benötigt. Das ist die 1.550fache Datenmenge.

Für die Reproduktion in schwarz/weiß sind 400dpi gebräuchlich. Für farbige Reproduktionen genügen oft 100dpi.

Auf der folgenden Abbildung sind Bildelemente mit verschiedenen Auflösungen dargestellt. Augenscheinlich wird die nachlassende Bildqualität bei kleineren Bildelementen. Auch die Wiedergabe grauer Flächen durch feine Raster büßt merklich an Qualität ein.

Auflösung 200

Auflösung 200

Auflösung 200

Auflösung 200

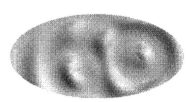

Auflösung 100

Auflösung 100

Auflösung 100

Auflösung 100

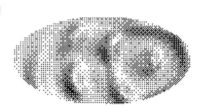

Auflösung 50

Auflösung 50

Auflösung 50

Auflösung 50

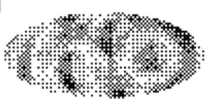

B1.1.3 Dateiformat und Komprimierungsverfahren

Bilder können digital in verschiedenen Formaten abgelegt werden. Ein Format ist hier eine Ordnung der Daten in der Datei. Verschiedene Formate haben unterschiedliche Fähigkeiten hinsichtlich der
- Darstellung von Farben,
- Platzbedarf und
- Qualität der Wiedergabe.

Für die originalgetreue Wiedergabe von Bildern hat sich das Format TIFF sehr verbreitet. TIFF hat auch viele Möglichkeiten Farben darzustellen. Für schwarz/weiß hat sich TIFF G4 etabliert. In diesem Format benötigen die Bilder nur sehr wenig Platz. In einem praktischen Versuch wurden Zeichnungen mit mittelmäßiger Qualität gescannt und die Dateien zunächst im Format TIFF/unkomprimiert abgelegt. Die Dateien hatten eine durchschnittliche Größe von 15,5 MB. Nach dem Säubern, Ausrichten und Beschneiden hatten diese Dateien eine durchschnittliche Größe von 0,5 MB. Das Verhältnis der Größen beträgt 31.

Für farbige Fotos hat sich JPEG stark verbreitet. In diesem Format benötigen auch farbige Bilder nur sehr wenig Platz. Dafür ist in JPEG eine verlustbehaftete Komprimierung implementiert. Dabei werden die Farben des Bildes verändert.

Bei der Auswahl des Formates müssen somit die folgenden Aspekte berücksichtigt werden:
- Erfordernisse (Notwendigkeit) der weiteren Bearbeitung beim Kunden,
- Platzbedarf – ggf. für transportable Datenträger und
- verlustfreie bzw. verlustbehaftete Komprimierung.

Ein gescanntes Bild ist maschinenunabhängig und beliebig oft ohne Qualitätsverlust reproduzierbar. Es kann mit minimalem Aufwand über Telefon verschickt und vielerorts als originalgetreue Kopie gesichert werden.

B1.2   Vektorisierung

Viele CAD-Progamme verstehen nur Vektoren. Nur wenige können Pixel-Bilder laden. Daraus entsteht der Bedarf, Pixel-Bilder in Vektoren umzurechnen. Dieser Vorgang wird Vektorisierung genannt.

Das Produkt, das der Kunde erwartet, ist eine CAD-Datei. Darunter versteht er meist eine Datei die er mit seinem CAD-Programm   bearbeiten kann. Darüber hinaus sind die folgenden Qualitäts-ansprüche üblich:
- Zeichnungselemente (Buchstaben, Kreise, Flächen, Polylinien, Schraffuren) müssen entsprechend der Vorlage erkannt werden,
- Linientypen und Strichstärken sollten differenziert werden,

- Verzerrungen sollen ausgeglichen werden,
- Optische Störungen sollen das Ergebnis nicht beeinträchtigen (einzelne schwarze Pixel auf weißem Hintergrund sollen nicht als Vektoren erkannt und einzelne weiße Pixel auf schwarzen Flächen sollen übersehen werden),
- Verschiedene Elemente sollten auf unterschiedliche Layer aufgeteilt werden und
- Die CAD-Datei soll möglichst klein sein.

Viele Hersteller von CAD-Programmen bemühen sich den DXF-Wortschatz in ihre Importfunktionen zu implementieren. Deshalb ist DXF oft als Standard für die Weitergabe von CAD-Daten geeignet.

Das Ergebnis der Vektorisierung ist stark von der Qualität der Vorlage abhängig. Das einige Zeichen nicht erkannt und Linien „zerbrochen" sind, ist eher typisch. So empfiehlt sich diese Vektorisierung hauptsächlich für zwei Verwendungen:
1. Repräsentationen
2. Vorlagen
Bei der Erstellung von Repräsentationen werden die Vektoren der Vektorisierung mit einem hellgrauen Stift in den Hintergrung gelegt. Darauf wird das darzustellende Objekt farbig aufgetragen.
Als Vorlage hilft die Vektorisierung bei der Raumaufteilung.

Einige Kunden nutzen diese Dateien, um Zeichnungen weiter mit CAD bearbeiten zu können.

Bei der Ausgabe wird auf die Vektoren des Bestandes (der Vektorisierung) ein dicker grauer Stift gelegt (z.B. 0,5mm 40% Grau). Dadurch treten Ungenauigkeiten der Vektorisierung in den Hintergrund. Die eigene Planung wird normal dargestellt.

Hinsichtlich des Informationsgehaltes gibt es in den für die Vektorisierung relevanten Dateien drei Qualitäten:

1. Pixel-Dateien: enthalten die Information, welche Farbe ein Punkt an einer bestimmten Stelle hat,
2. Plot-Dateien: enthalten Informationen welche Zeichnungselemente (Vektoren, Punktmengen), an welcher Stelle wie dargestellt werden und
3. CAD-Dateien: enthalten komplexe Informationen, die weit über die optische Darstellung hinaus gehen.

Die Pixel-Dateien haben sicherlich den geringsten Informationsgehalt. So geht es bei der Generierung einer Pixel-Datei aus einer CAD-Datei um eine Reduktion der Information. Für den umgekehrten Weg müssen, den Inhalt des Dokumentes betreffende Informationen erzeugt werden. Das ist eine schöpferische Leistung, die weit jenseits der Reproduktion liegt.

Im Bereich der Reproduktion liegt jedoch die Vektorisierung als „schlichte" Konvertierung von Dokumenten in ein durch EDV-Anwendungen lesbares Format.

Bei der „Schlichten Konvertierung" handelt es sich immer noch um einen komplizierten Prozeß mit vielen potentiellen Fehlerquellen.

B1.3   Plot

Der Plot ist die Zeichnung des Kunden. Dafür werden die Daten des Kunden auf den Plotter übertragen. Es kann in Farbe und in schwarz/weiß geplottet werden. Die weitere Bearbeitung ähnelt der der klassischen Großkopie. Er kann geschnitten und gefaltet werden.

B1.4   Konvertierung

So vielfältig wie der EDV-Markt, so vielfältig ist auch die technische Ausstattung der Kunden. Praktisch können nicht alle Daten durch alle Anlagen verarbeitet werden. Außerdem gibt es in einigen Programmen für die digitale Bildbearbeitung undokumentierte Fehlfunktionen. Zum Beispiel gibt es Programme, die beim Laden des Bildes dessen Auflösung verändern. Damit wird es für andere Verwendungen unbrauchbar. Ein anders, weit verbreitetes Programm invertiert schwarz/weiß-Bilder (Das Plotten eines solchen Bildes kann sehr viel Toner kosten).

Daraus entsteht der Bedarf elektronische Daten von einem Format in das andere zu übersetzen (konvertieren).

Es empfiehlt sich die Funktionen der Programme tiefgründig zu testen.

B1.5   Digitale Bildbearbeitung

Beim Scannen gibt es mitunter technisch bedingte Besonderheiten.

Durch den Scanvorgang entsteht in einer Datei ein rechteckiges Bild. Die Zeichnung wird aus mechanischen Gründen (z.B. Reibung, schiefe Kannte) kaum gerade eingezogen werden. Die Scanbreite wird deshalb größer als die tatsächlich für die Zeichnung benötigte Breite gewählt werden. Die Abbildung der Zeichnung liegt schief in der Datei des Scanners. Wird die Datei so ausgeplottet, liegt die Zeichnung schief auf dem Papier. Das Ergebnis ähnelt einer Großkopie. Dort würden die Ränder manuell beschnitten werden. Mit der digitalen Bildbearbeitung kann das Bild in der Datei ausgerichtet uns die Ränder abgeschnitten werden. Anschließend wird die Datei neu abgespeichert.

Für die Korrektur der Lage einer Zeichnung in einer Datei haben sich zwei Verfahren etabliert:
-    Drehen und
-    Ausrichten.

Beim Drehen wird auf dem Rechner ein neues Bild erzeugt. Mit dem Drehwinkel wird für jeden Punkt der alten Zeichnung eine neue Position in der neuen Zeichnung berechnet. Für diese Operationen wird eine gewaltige Rechenleistung beansprucht. Viele Programme bieten deshalb das Ausrichten an. Dabei werden nur die Zeilen des Bildes verschoben. Das Bild wird verzerrt. Es ähnelt dann einem Parallelogramm. Der obere und der untere Rand bleiben schief. Bei kleinen Winkeln ist diese Verzerrung kaum wahrzunehmen.

Es gibt auch schon Programme, die die schiefe Lage der Zeichnung mit hoher Wahrscheinlichkeit erkennen und einen Drehwinkel für die Korrektur vorschlagen.

Beim Scannen gibt es oft optische Störungen. So gibt es mitunter einzelne schwarze Punkte auf dem weißen Hintergrund der Zeichnung und einzelne weiße Punkte in schwarzen Flächen. Diese einzelnen Punkte können die Kompression gewaltig beeinträchtigen.

Das Entfernen einzelner schwarzer Pixel auf weißem Hintergrund wird „Säubern" genannt.

Als „Raster verbessern" wird das Ausfüllen einzelner weißer Pixel in schwarzen Flächen bezeichnet.

Sowohl für das „Säubern" als auch für das „Raster verbessern" kann die Anzahl der Pixel eingegeben werden. Diese Anzahl beschreibt, wie viele zusammenhängende Pixel noch als „einzeln" betrachtet werden. Sie wird normalerweise kleiner als 10 gewählt. In manchen Zeichnungen werden graue Flächen durch Muster aus Punkten dargestellt. Dann muß die Anzahl sehr vorsichtig gewählt werden.

Für das digitale Säubern, Ausrichten und Beschneiden können in der Praxis etwa 2 Minuten/Plan veranschlagt werden.

B2 Klassische Produkte mit digitaler Technik

Neben den digitalen Produkten können auch einige Produkte der klassischen Reprografie mit digitalen Verfahren erzeugt werden. Repräsentativ soll hier nur auf die Großkopie eingegangen werden.

B2.1 Digitale Großkopie

Eine Digitale Großkopie ist das Plotten einer gescannten Zeichnung.

Zuerst wird die Zeichnung gescannt. Dann kann sie entweder automatisch und direkt auf den Plotter geschickt oder als Datei vorher weiter bearbeitet werden.

Digitale Großkopien können in großer Auflage wesentlich schneller als analoge Großkopien erstellt werden.

B3   Neue Dienstleistungen

Ein bedeutender Vorteil der Elektronischen Datenverarbeitung (EDV) ist, daß viele Bearbeiter streng formalisierte Informationen (CAD-Daten) vielfältig nutzen können.

Die DFÜ eröffnet nun weitere, völlig neue Möglichkeiten. Die Anlagen können an 7 Tagen der Woche 24 Stunden empfangsbereit sein. Die Bearbeiter sind für die Kommunikation nicht mehr auf gleichzeitige Präsenz angewiesen.

Der Betrieb solcher Anlagen erfordert einen gewissen technischen und administrativen Aufwand. Die Möglichkeiten
- Der besseren Auslastung,
- digitale Daten schnell und kostengünstig auf Papier auszugeben und
- Papier schnell und kostengünstig zu digitalisieren
prädestinieren den Dienstleister für diese Rolle. Er kann so zur Plattform für multimediale Kommunikation und Information werden. Damit eröffnen sich für ihn neue geschäftliche Möglichkeiten.

Der größte Gewinn des Kunden bei diesen Dienstleistungen ist die Freiheit von EDV-spezifischen Details.

B3.1   DFÜ-Plot

Als DFÜ-Plot wird hier die elektronische Annahme von Plot-Aufträgen verstanden. Dadurch ist für die Annahme von Aufträgen kein unmittelbarer Kontakt mehr nötig. Kunde und Dienstleister werden in ihren betrieblichen Abläufen unabhängiger. Außerdem werden Zeit und eine Tour gespart.

Je nach verwendeter Software erfolgt dann die weitere Bearbeitung beim Dienstleister mehr oder weniger automatisch. Im einfachsten Fall erfolgt die DFÜ per Fritz-Data. Dazu schickt der Kunde ein Fax mit dem eigentlichen Auftrag. Das weitere Verfahren gestaltet sich wie beim herkömmlichen Plot-Service. Der Dateitransfer kann auch über das DFÜ-Netzwerk erfolgen. Es gibt auch schon weiter automatisierte Verfahren. Für diese hat der Kunde bei sich eine Software des Dienstleisters. Diese funktioniert als Klient einer Software beim Dienstleister. Der Klient fordert beim Kunden Informationen ab und nimmt die Plot-Dateien auf. Dann baut der Klient eine direkte DFÜ-Verbindung zum Dienstleister auf und schickt ihm die Daten. Das Programm beim Dienstleister nimmt die Daten auf, erzeugt Aufträge für die Maschinen. Die Daten können für die Faktura genutzt werden.

Solche Programme sind sehr komplex. Es müssen u.a. die Funktionen (Fehlfunktionen) der
- Plotter-Treiber der CAD-Programme,
- Rechner und Betriebssysteme der Kunden des Dienstleisters,
- Datenfernübertragung,
- Rechner und Betriebssysteme der Dienstleister und
- Maschinen des Dienstleisters

berücksichtigt werden. Gleichfalls müssen die Bedürfnisse und Entscheidungen der Dienstleister sowie ihrer Kunden berücksichtigt werden. Damit die Software bei ihrer Einführung nicht schon veraltet ist, müssen beim Design auch künftige Entwicklungen in Betracht gezogen werden. Diese hohe Komplexität scheint für die Praxis kaum realisierbar. Für den vorsichtigen Anwender ist es deshalb wichtig:

1. schnell zu erkennen welche Prozesse unter welchen Bedingungen zuverlässig funktionieren,
2. das Umfeld dieser Prozesse entsprechend zu organisieren und
3. Alternativen zu erkunden.

Wenn es beim Dienstleister Prozesse gibt, die derartig automatisch funktionieren, kann der Einsatz eines solchen Programms sehr lohnend sein.

B3.2   e-plot

Als e-plot wird hier ein Angebot im Internet bezeichnet. Der Kunde ruft mit seinem Browser (z.B. Netscape) die Internet-Seite des Dienstleisters auf. Dort kann er ein Formular für den Auftrag ausfüllen und Dateien für das Plotten auswählen. Für das Bezahlen trägt er die Daten seiner Kredit-Karte ein. Das weitere Verfahren ähnelt dem der e-mail. Verfügt der Dienstleister über eine Standleitung erreicht ihn die elektronische Nachricht direkt. Im einfachsten Fall ruft der Dienstleister seine Nachrichten von seinem Provider ab und faxt die Daten des Zahlungsvorgangs an seine Bank. Bestätigt diese die Überweisung, holt sich der Dienstleister die angehängten Dateien aus der e-mail und schickt sie an den Plotter. Es gibt schon Programme, die diese Abläufe weitestgehend automatisieren.

Der Service kann hinter der Homepage des Dienstleisters hängen. Wichtig ist die Berücksichtigung der Suchmaschinen und die Präsenz in virtuellen Marktplätzen.

B3.3   Digitales Archiv

Papier ist geduldig. Aber es altert und kostet dabei Geld. Außerdem gibt es nach einer Bearbeitung oft auch eine gewisse Frist, in der Unterlagen kurzfristig verfügbar sein müssen. Wenn die Verfügbarkeit von Unterlagen mit einer Suche verbunden sind, ist auch diese Gewährleistung mit Kosten verbunden.

Ein digitales Archiv bietet dem Kunden folgende Leistungen:
1. Einsparung von Lagerkapazitäten,

2. Ständige hohe Verfügbarkeit am Arbeitsplatz des Sachbearbeiters,
3. Keine Qualitätsverluste durch Alterung und
4. Preiswerte Sicherheitskopien.

Dafür sind folgende Leistungen erforderlich:
1. Die Dokumente müssen digitalisiert werden und
2. Beim Kunden müssen entsprechende Rechner betrieben werden.

B3.4   Server-Dienste

Unter dem derzeitigen enormen Kosten- und Termindruck lagern immer mehr Unternehmen artfremde Leistungen aus.

Server-Dienste sind besonders sensibel. Deshalb muß bei der Auslagerung beim Kunden mindestens zwei Bedingungen besonders beachtet werden:
1. Der Kunde muß bei sich tatsächlich Kosten einsparen und
2. Die Leistung muß sicher definiert, kontrolliert und abgerechnet werden können.

Server-Dienste werden oft für konkrete Projekte angeboten. Der Dienstleister stellt Speicherkapazität mit Telekommunikation als Server zur Verfügung. Auf diesem Server können dann die an dem Projekt Beteiligten ihre Daten lagern und austauschen. Im Auftrag richtet er Rechte zum Lesen, Schreiben und Löschen ein. Er ist für die Datensicherung

verantwortlich. Außerdem muß der Betrieb organisiert werden. Dazu gehört:
1. Konventionen der Dateinamen,
2. Die Verzeichnisstruktur auf dem Server,
3. Verwaltung der Zugriffsrechte und
4. Auskünfte an die Teilnehmer.

Für die Gewährleistung der Rechtssicherheit können die Protokolle über externe Zugriffe verwaltet werden.

Der Kunde erspart sich folgenden Aufwendungen:
1. Beschaffung und Betrieb von speziellen Rechnern und Kommunikationseinrichtungen,
2. Abstimmung der Telekommunikation mit Teilnehmern und
3. Verfolgung von Übertragungen.

B3.5   Planverwaltung

Die Planverwaltung ähnelt dem Server-Dienst. Sie geht aber noch weiter. Bei der Planverwaltung werden nicht nur Dateien, sondern auch Papier verwaltet. Die Beteiligten werden nachvollziehbar mit Dokumenten versorgt. Die Termine für den Eingang von Planungsunterlagen werden verfolgt. Die Projektleitung erwartet ständig aktuelle Informationen über den Bestand und den Status der Planungsunterlagen.

C   Produktion

C1 Prozesse

Entsprechend den Produkten gibt es Prozesse für
ihre Erzeugung.

C1.1   Scannen

Das Scannen ähnelt dem Herstellen einer
Großkopie: Es gibt ein Gerät, in das die Zeichnung
geschoben wird. Im Unterschied zum Großkopierer,
ist der Scanner an einen Rechner angeschlossen. Auf
dem Rechner läuft ein Programm, das den Scanner
ansteuert. Dort können die oben genannten
Parameter eingestellt werden. Im Ergebnis entsteht
auf dem Rechner eine Datei.

Der eigentliche Prozeß besteht aus folgenden
Teilprozessen:
1. Auftragsannahme
2. Ablage
3. Vorbereitung
4. Scannen
5. Dateimanagement
6. Nachbearbeitung und Qualitätskontrolle
7. Versand der Zeichnung
8. Versand der Datei
9. Faktura

Beim Scannen kann es folgende praktische Probleme geben:

- Zeichnung nur unvollständig in der Datei
Wie bei der Großkopie auch, wird die für die Zeichnung benötigte Breite nur schwer getroffen werden. Deshalb wird in der Regel die Scanbreite größer als die für die Zeichnung benötigte Breite gewählt.

- „Speicher voll"
In der Spezifikation für Pixel-Dateien sind Angaben für die Länge und Breite des Bildes gefordert. Stehen diese Angaben am Anfang der Datei, muß die Länge des Bildes vor dem Abspeichern der Datei bekannt sein. Die Zeilen des Bildes können nicht direkt in die endgültige Datei geschrieben werden. Einige Scanner sind deshalb auf einen internen Speicher angewiesen. Das dieser nicht ausreicht, kann zwei Ursachen haben:
1. die Zeichnung ist zu groß (Länge, Breite) oder
2. Die Anzahl der gescannten Pixel (Auflösung) ist zu groß.
In der Praxis wird man die Auflösung herabsetzen. 300 dpi sind noch gut und 200 dpi sind für viele Verwendungen auch noch ausreichend.

- Streifen auf dem Bild in der Datei
Wie beim Großkopierer auch, sind die Streifen im günstigsten Fall eine Abbildung von Verschmutzungen auf der Glasplatte des Scanners.

Treten diese Streifen nur bei transparenten Vorlagen auf, befindet sich die Verschmutzung auf dem Deckel, über der Glasplatte. In beiden Fällen hat sich das Problem nach dem Reinigen erledigt. Mitunter wird, z.B. durch verschmutzte Vorlagen, die Glasplatte auch beschädigt. Dann muß sie ausgetauscht werden. Eher selten sind Ablagerungen auf den lichtempfindlichen Bauelementen. Dort ist beim Reinigen äußerste Vorsicht geboten.

- Nicht genügend Platz auf dem Rechner
Programme, die die Scanner ansteuern, benötigen für ihre Arbeit oft auch noch die Möglichkeit, temporär Daten auf dem Rechner abzulegen. Auch dafür müssen Kapazitäten vorhanden sein. Einige Programme verwenden für ihre temporären Dateien das entsprechende Verzeichnis des Betriebssystems, andere lassen sich dafür konfigurieren. Auch auf die Auslagerungsdatei sollte ggf. geachtet werden.

- Fehler beim Öffnen der Datei
Scanner, Software und Rechner arbeiten mehr oder weniger stabil. Die klassische Meldung lautet dann auch: „Fehler beim Dekodieren einer Zeile!". Einige Programme für die Bildbearbeitung sind gegenüber diesen Fehlern sehr robust. Mit diesen Programmen könnte dann eine solche Datei geöffnet und anschließend erneut abgespeichert werden. Eine Zeile entspricht einem Pixel. Bei einer Auflösung von 400dpi sind das 0,0635mm. So kann der Mangel

in einer Zeile tolerierbar sein. Andernfalls muß die Zeichnung neu gescannt werden.

C1.2   Vektorisieren

Der eigentliche Prozeß des Vektorisierens besteht aus den folgenden Teilprozessen:
1. Auftragsannahme,
2. Scannen der Zeichnung,
3. Digitale Nachbearbeitung,
4. Definition der Parameter,
5. Vektorisierung,
6. Qualitätskontrolle,
7. Versand der Datei und des Originals und
8. Faktura.

In der Praxis gibt es verschiedene Verfahren der Vektorisierung.
1. Zeilenweise Vektorisierung
2. Automatische Vektorisierung
3. Halbautomatische Vektorisierung und
4. Manuelle Vektorisierung.

Diese Verfahren sind in Programmen realisiert. Bei der Zeilenweisen Vektorisierung analysiert das Programm das Bild Zeile für Zeile. Für schwarze Bildpunkte wird ein Vektor ermittelt. Weiße Pixel vor schwarzem Hintergrund treiben die Datenmenge gewaltig in die Höhe. Das Ergebnis kann zumindest optisch recht erträglich sein.

Die Automatische Vektorisierung ist ein sehr rechenintensiver Prozeß. Ein Programm öffnet die Pixel-Datei und versucht aus den Pixeln Zeichen zu interpretieren. Diese Zeichen können z.B. Bemaßung, Beschriftung, Linien, Polygone und Flächen sein. Anschließend wird das Ergebnis im CAD-Format (meist DXF) in eine Datei geschrieben.

Bei der Halbautomatischen Vektorisierung analysiert das Programm das Bild und läßt den Bediener die Ergebnisse bestätigen bzw. korrigieren.

Bei der Manuellen Vektorisierung wird das Bild als Hintergrund geladen und anschließend nachgezeichnet.

In der folgenden Abbildung sind ein Scan, sowie die Ergebnisse einer Automatischen und einer Zeilenweisen Vektorisierung dargestellt.

Um Eigenschaften darzustellen wurde der Scan absichtlich gedreht und ohne bildverbessernde Maßnahmen in die Programme geladen. Der Scan hat eine Auflösung von 400 dpi. Er ist auf der obersten Abbildung dargestellt.

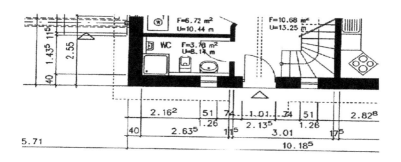

Erdgeschoß

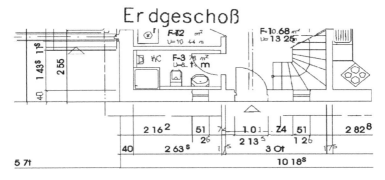

Erdgeschaß

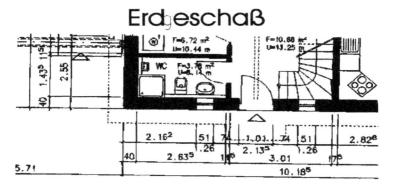

Erdgeschoß

Das Ergebnis der automatischen Vektorisierung ist auf der mittleren Abbildung dargestellt. Rein optisch ist es wenig ansprechend. Die Datei ist 98 kB groß und besteht aus 13.528 Befehlen und Parametern. Deutlich sind die erkannten Text-Zeichen, Linien und Kreise zu erkennen. Die nicht erkannten Bildelemente wurden als Polylinien interpretiert.

Das Ergebnis der Zeilenweisen Vektorisierung ist im unteren Bild dargestellt. Es ist rein optisch besser zu ertragen. Die Datei ist 315 kB groß und besteht aus 44.746 Befehlen und Parametern. Das Bild ist aus vielen einzelnen Linien zusammengesetzt.

Es gibt auch Programme die die Vektordaten von Plot-Dateien in CAD-Verktordaten konvertieren.

C1.3   Plotten

Der Plot-Service ist ein anspruchsvolles Geschäft. Oft werden dort die Mängel der Bertriebssysteme, CAD-Programme und Plotter auf Kosten des Dienstleisters erforscht.

Der Plot-Service steht im Vergleich zu dem Plotter beim Kunden. Dort funktioniert der Plotter oft als gewöhnlicher Netzwerkdrucker. Er wird als solcher von den Arbeitsplätzen angesteuert. Nach kurzer Zeit kennen die Nutzer ihren Plotter. Ggf. werden Mängel akzeptiert. Fehldrucke und Wartezeiten gehören zum eigenen Betrieb. In diesem Verständnis kann ein externer Dienstleister seinen Plot-Service als bessere Alternative nur schwer vermitteln.

Einige Probleme des Plot-Service erwachsen aus:
- der Vielfalt der CAD-Programme und Plotter-Treiber,
- der Notwendigkeit die Leistung korrekt und nachvollziehbar abzurechnen und
- der Kommunikation über die Wünsche des Kunden.

Der Prozeß des Plottens besteht aus folgenden Teilprozessen:
1. Auftragsannahme,
2. Arbeitsvorbereitung,
3. Übertragen der Daten an den Plotter,
4. Arbeit des Plotters,
5. Qualitätskontrolle,
6. Versand und
7. Faktura

In der Arbeitsvorbereitung können die folgenden Leistungen erbracht werden:
1. Kontrolle der Plot-Datei und ggf. Konvertierung in ein produzierbares Format,
2. Vermessen,
3. Einstellung des Plotters auf den Auftrag,
4. Zusammenstellung der Parameter für das Plotten.

Die Kontrolle der Plot-Datei ist immer noch wichtig. Oft werden dem Dienstleister CAD-Dateien gebracht. Dabei sind AutoCAD-Dateien leicht an der Endung "*.dwg" zu erkennen.

Durch das Vermessen wird festgestellt, wie groß der Plot auf dem Papier wird. Das ist für die Faktura wichtig. Außerdem erfährt man welche Papierbreite im Plotter für den Auftrag benötigt wird.

Mit dem benötigten Material wird der Plotter auf den Auftrag eingestellt.

Durch die Parameter muß dem Plotter mitgeteilt werden, wie er mit den Daten der Plot-Datei zu verfahren hat. Die Möglichkeiten dafür werden durch die Technik des Plotters bestimmt.

Viele der genannten Leistungen können durch Programme automatisch erbracht werden. Mit Hilfe der DFÜ und des Internet kann die Schnittstelle des Plotters zum Kunden verlegt werden. Dort funktioniert sie als Klient des Dienstleisters. Der Klient erscheint wie ein Formular auf dem Bildschirm des Kunden. Dieses Formular wird auch Jobticket genannt. Es erfaßt die Daten für die Produktion und die Faktura. Der Klient kontrolliert das Format der Plot-Datei, bestimmt die Größe der künftigen Zeichnung und überträgt die Daten zum Dienstleister. Dort wird aus diesen Daten automatisch die Ansteuerung für die Maschinen generiert. Dem gegenüber läuft eine Überwachung der Maschinen. So kann der Bediener ggf. auf notwendige Änderungen in den Einstellungen des Plotters hingewiesen werden.

Dadurch ist der Dienstleister von vielen Prozessen entlastet. Gleichzeitig sind auch viele Fehlerquellen ausgeschlossen.

Diese Programme können aber immer nur einen mehr oder weniger definierten Bereich des technisch Möglichen übernehmen. Dem Dienstleister verbleibt es, die Wünsche der Kunden entsprechend zu regulieren(?). Dabei geht es insbesondere darum, die CAD-Programme so einzustellen, daß die eigenen Anlagen ihre Plot-Dateien in einer Konfiguration zuverlässig plotten können.

Als Beispiel sei die Plazierung des Plots auf dem Papier genannt. Für einen Plotter mit online-Faltmaschine wird angestrebt daß:

1. der Schneidrahmen bei der Plotaufbereitung ausgeblendet und
2. die Zeichnung 5mm über dem unteren Papierrand plaziert wird.

Entspricht dann noch die Breite der Papier-Rolle im Plotter der Höhe der Zeichnung (-2*5mm Rand für unten und oben), kann der Auftrag den Kunden über den Klienten vollautomatisch produziert werden.

Die Organisation und Einrichtung des Plot-Service erfordert einen gewissen Aufwand. Der Prozeß erfordert eine stabile EDV - auch beim Kunden. Außerdem müssen die Kunden einige technische

Randbedingungen des Dienstleisters akzeptieren. Dann rechnet sich der Plot-Service auch als Alternative zum eigenen Plotter.

C1.4   Digitale Großkopie

Der Prozeß der Digitalen Großkopie steht im Vergleich mit der Analogen Großkopie. Unter der Voraussetzung gleicher Qualität kann der Prozeß bei erheblichem Zeitgewinn so einen analogen Prozeß ersetzen.

Im Hinblick auf eine Arbeitsteilung können die Prozesse in folgende Teilprozesse unterteilt werden:

Nr.	Analog	Digital
1.	Kopieren	Scannen
2.	Schneiden	Bildbearbeitung
3.	Falten	Jobdatei erstellen
4.		Arbeit des Plotters
5.	Mängelbeseitigung	Mängelbeseitigung
6.	Faktura	Faktura

Für den Vergleich nehmen wir die folgenden Voraussetzungen als gegeben an:
1. Die Geschwindigkeiten von Kopierer und Plotter sind gleich.
2. Die Faltmaschine wird durch den Plotter angesteuert.
3. Der Plotter wird durch modernes Management-Programm angesteuert.

Dann ergeben sich für die Teilprozesse jeweils für 1, 10 und 10*10 A0 Kopien folgende Zeiten in Sekunden:

Nr.	Prozeß/Teilprozess Analog	Zeit 1	Zeit 10	Zeit 10*10	Bemerkung
1.	Kopieren	10	100	1000	
2.	Schneiden	60	600	6000	
3.	Falten	15	105	1005	*1
4.	Mängelbeseitigung	8	85	805	*2
5.	Faktura	5	50	50	*3
	Summe:	98	935	8855	

Nr.	Prozeß/Teilprozess Digital	Zeit 1	Zeit 10	Zeit 10*10	Bemerkung
1.	Scannen	10	100	100	
2.	Bildbearbeitung	120	1200	1200	*4
3.	Jobdatei erstellen	10	10	10	*5
4.	Arbeit des Plotters	10	100	1000	
5.	Falten	10	10	10	*6
6.	Mängelbeseitigung	2	20	200	*7
7.	Faktura	0	0	0	*8
	Summe:	162	1440	2520	
	Differenz:	-64	-505	6335	
	Differenz in Minuten/Kopie	-1,1	-0,8	1,05	

Bemerkungen

*1   Für die Geschwindigkeit der Faltmaschinen wird die Geschwindigkeit des Plotters angenommen. Für den Transport der Kopien werden 5 Sek. veranschlagt.

*2   Für die Mängelbeseitigung wird angenommen, daß 10% der Kopien/Plots neu produziert werden muß.

*3   In die Faktura muß jede Zeichnung eingegeben werden. Die Anzahl der Kopien ist für den Aufwand unerheblich.

*4   Jeder Scan muß einmal bearbeitet werden.

*5   Für die Erstellung der Jobdatei ist die Datenmenge unerheblich.

*6   Nach der ersten Kopie verläuft die Faltung parallel.

*7   Für die Mängelbeseitigung wird die Jobdatei partiell wiederholt.

*8   entsteht durch die Jobdatei

Für große Auflagen bietet eine digitale Anlage einen Zeitgewinn. Weitere Zeit wird gespart, wenn die digitale Bildbearbeitung durch mehrere Arbeitsplätze gleichzeitig und parallel zum Scannen erfolgt. Das erscheint effektiver als wenn viele Leute viel Papier durch den Betrieb tragen.

C2   Technik

Die Technik für die Digitale Reprografie kann sehr teuer sein. Unerfüllte Erwartungen sind deshalb bitter.

Der Gesetzgeber ordnet das Niveau der Technik in drei Kategorien ein. Sie kann:
1. dem Stand von Wissenschaft und Technik,
2. dem Stand der Technik oder
3. allgemein anerkannten Regeln der Technik
entsprechen. Funktionstüchtigkeit unter den Bedingungen einer Produktion kann mit Recht nur von Kategorie 3 erwartet werden.

Einige Produkte großer Anbieter gleichen Bananen – Sie reifen beim Kunden. Ist die Funktion nach allgemein anerkannten Regeln der Technik vertraglich nicht verbürgt, hat man auch keine theoretische Chance.

Und hat man es dann doch geschafft mit der eigenen Technik die Daten des Kunden zu verarbeiten, kommt ein neues Betriebssystem oder ein neues

CAD-Programm auf den Markt und die Testreihen beginnen von Neuem.

So steht man den „Anzeichen Künstlicher Intelligenz" der teuren Maschinen oft recht hilflos gegenüber. In der Praxis gibt folgende Auswege:
1. Man liest sich schlau.
2. Man nimmt sich die Zeit und probiert jenseits des Betriebes mit den zur Verfügung stehenden Rechnern, Maschinen, Programmen und Daten die verschiedenen Konstellationen einfach aus.
3. Man sucht sich ein kleines freies Service-unternehmen, das sich dem Wohl des Betriebes auch moralisch verpflichtet fühlt. Die wenigen Techniker dieser Betriebe kommen viel herum. Deshalb kennen sie viele praktische Probleme. Bei den wenigen Verkäufern bündeln sich die Produktinformationen der großen Anbieter. Wir machen mit der Firma F+H seit drei Jahren gute Erfahrungen.

In Sinne von Punkt 1 und in Vorbereitung von Punkt 2 nun die folgenden Zeilen.

C2.1   Rechner

Die Bedeutung der Rechner für die Wirtschaft und den privaten Bereich ist nunmehr unbestritten. Mancher, dem der Begriff „Digitale Reprografie" heute noch Unbehagen bereitet, hat in seinem Wohnzimmer seit Jahren einen Videorecorder stehen.

Früher hieß es: Letztendlich kann ein Rechner nur vier Sachen:

1. 0+0
2. 0+1
3. 1+0
4. 1+1

Heute sieht man in Werbespots gelangweiltes Bedienungspersonal vor einer Kulisse vollautomatisch ablaufender Produktionsprozesse. Diese Werbung gibt es sicherlich auch schon für reprografische Maschinen.

Zunächst erfüllen Rechner im gewerblichen Bereich keinen Selbstzweck. Sie fällen Entscheidungen und steuern Abläufe. Es gibt mindestens drei Typen von Rechnern:

1. Großrechner
2. Rechner für die Automatisierung
3. PC

Großrechner sind vor allem in Banken sehr verbreitet. In dem Rechenzentrum der Bank steht der Großrechner. In den Filialen der Banken stehen Terminals. Das können z.B. Geldautomaten oder Kontoauszugsdrucker sein. Aktiviert ein Kunde das Terminal mittels einer passenden Karte, wählt sich das Terminal in seinen Großrechner ein und holt sich dort die entsprechenden Informationen.

Eine schon ältere Statistik weist für jeden Haushalt in Deutschland durchschnittlich vier Rechner aus.

Diese sind in Videorecorder, in Waschmaschinen und KFZ sehr verbreitet. Sie werden hier als „Rechner für die Automatisierung" bezeichnet. In diese Gruppe werden auch die in reprografischen Maschinen eingesetzten Rechner eingeordnet. Das kann ein sogenannter RIP (raster image prozessor) sein. Diese Rechner sind darauf spezialisiert, Bilder zu verarbeiten. Diese Berechnungen können z.B. das
- Konvertieren von grau in schwarz/weiß,
- Vergrößern/Verkleinern und
- Säubern sein.

Für die Reprografie hat nunmehr der PC eine maßgebende Bedeutung erlangt. Für den Laien stellt sich die Lage wie folgt dar:

Als PC sind zwei Typen weit verbreitet:
Apple-Rechner und
Intel-kompatible Rechner.

Apple ist im DTP-Bereich weit verbreitet. Für Intel-kompatible PC gibt es das Betriebssystem Windows. Trotz vieler Nachteile hat sich Windows für Millionen Anwender zu einem Standard etabliert. Dadurch gibt es einen Markt mit vielen Milliarden Umsätzen, auf dem es mit großer Wahrscheinlichkeit für viele Bedürfnisse eine fertige Lösung gibt. Konkret hat es für den gewerblichen Nutzer folgende Vorteile:
- viele konkurrierende Anbieter,

- passende Treiber für alle gebräuchliche Hardware,
- geringe Ausbildungskosten für das Personal.

Ein klassischer PC besteht aus einer Hauptplatine mit einem Prozessor (Nach dem Prozessor ist oft der ganze Rechner benannt. Z.B: AMD oder Pentium). Dazu gibt es noch Speicher und Bauelemente für Grafik, Diskettenlaufwerk, Festplatten, CD-ROM, Maus, Drucker und Tastatur. Für die Grafik (Signale des Rechners an den Monitor) wird eine Grafikkarte (GraKa) in die Hauptplatine gesteckt. An ihr befindet sich die Steckbuchse für das Kabel zum Monitor. Steckbuchsen für die Tastatur und Kabel für Diskettenlaufwerk, Festplatte und CD-ROM befinden sich gleichfalls direkt auf der Hauptplatine. Für die Kommunikation mit der Außenwelt verfügt die Hauptplatine noch über zwei Schnittstellen. Dafür sind Steckbuchsen am Gehäuse angebracht, die gleichfalls durch Kabel an die Hauptplatine angeschlossen werden. Diese Schnittstellen werden als serielle (COM) und parallele (LPT) Schnittstellen bezeichnet. Ein Rechner kann mehrere serielle und parallele Schnittstellen haben. Serielle Schnittstellen werden für die Maus und das Modem benutzt. An eine parallele Schnittstelle kann ein Drucker angeschlossen werden.

Neben dieser klassischen Architektur gibt es noch SCSI. Es dient dem Anschluß von Festplatten, CD-ROM und anderen Geräten an die Hauptplatine.

SCSI-Geräte sind besonders zuverlässig, langlebig, schnell und leicht zu konfigurieren. Dafür sind sie etwas teurer. SCSI besteht aus einer Karte – dem SCSI-Contoller – und einem Bus. Die Karte wird in die Hauptplatine gesteckt. Eine Steckbuchse ragt aus dem Gehäuse des Rechners. Der Bus ist ein Kabelstrang, an dem hintereinander die SCSI-Geräte angeschlossen sind. In der Mitte befindet sich die Karte. Nach Innen ist der Bus ein Kabel. An ihn können z.B. Festplatten und CD-ROM angeschlossen werden. Nach Außen kann der Bus an der Steckbuchse mit Scannern und ZIP-Laufwerk verlängert werden.

Nach dem Einschalten des PC laufen zuerst einige durch die Hardware bestimmte Routinen ab. U.a. wird das BIOS geladen. Das BIOS ist die Konfiguration der Hauptplatine. Dann sucht der PC auf seinen Disketten-, Festplatten und CD-ROM-Laufwerken nach einem Betriebsystem. Bekannte Betriebssysteme für PC sind Linux, MS-DOS und Windows. Das Betriebsystem wird geladen. Dann ist der PC für den Nutzer bereit. Mit dem Betriebsystem werden Treiber geladen. Mit diesen Treibern werden die an die Hauptplatine angeschlossenen Geräte „angetrieben". Z.B. gibt es für die Grafikkarte einen Grafikkarten-Treiber, für die Maus einen Maus-Treiber und für eine deutsche Tastatur einen deutschen Tastatur-Treiber. Ist an die LPT-Schnittstelle ein Drucker angeschlossen, gibt es dafür auch einen entsprechenden Drucker-Treiber.

Der PC hat Programme nach denen er Maschinen ansteuern und Daten bearbeiten soll. Die Programme und Daten sind in Dateien abgelegt. Das Betriebssystem regelt das „Dateisystem". Das Dateisystem ist die Ordnung, mit der Dateien auf die Festplatte abgelegt werden. Die bekanntesten sind FAT (MS-DOS) und NTFS (Windows-NT). Dort wird z.B. festgelegt, das auf bestimmten Adressen der Platte die Inhaltsverzeichnisse aller Dateien der Platte liegten.

Da eine Datei letztendlich nur eine Folge von „0" und „1" sein kann, wird auch definiert, welche Bedeutung „0" und „1" an bestimmter Stelle haben. Wie schon im vorherigem Abschnitt genannt, sind Dateien auf dem PC sehr lange Folgen von „0" und „1". Eine Stelle, an der sich ein solcher Wert darstellen läßt, ist ein Bit. Acht Stellen ergeben ein Byte.

Ein Byte kann wie folgt interpretiert werden:

Bit	1	2	3	4	5	6	7	8
Wert	2^7	2^6	2^5	2^4	2^3	2^2	2^1	2^0
Dez.	128	64	32	16	8	4	2	1

Die duale Zahl (Basis 2) 10001101 bedeutet in unserem dezimalen Verständnis:
$1*128 + 0*64 + 0*32 + 0*16 + 1*8 + 1*4 + 0*2 + 1*1 = 141$.

Diese Interpretation von Zahlen ist allgemeingültig. In unserem Dezimalen Zahlensystem bedeutet die rechte Stelle einer Zahl die Einer (10^0), die zweite Stelle die Zehner (10^1), die dritte Hunderter (10^2) usw. So wird eine Zahl aus Acht Stellen wie folgt dargestellt:

Stelle	1	2	3	4	5	6	7	8
Wert	10^7	10^6	10^5	10^4	10^3	10^2	10^1	10^0
Zahl	...	...	...	10000	1000	100	10	1

Die dezimale Zahl 141 bedeutet:
... + 0*1000 + 1*100 + 4*10 + 1*1.

Die duale Zahl 10001101 ist schwer leserlich. Besser sind hexa-Zahlen. Die Basis dafür ist 16. Dadurch ergibt sich die Darstellung von 0 (für 0) über A (für 10) bis F (für 15). Die duale Zahl 10001101 wird dafür in 1000 (dez.:8) und 1101 (dez.:13) zerlegt und als 8D dargestellt ($8*16^1+13*16^0=141$).

Mit einem Byte können maximal die Zahlen von 0 bis 255 darstellt werden. Die Aufgabe 150+150 wäre in diesem System nicht lösbar. Deshalb können einige Programme für die Darstellung von Zahlen vier Byte verwenden. Das sind 32 duale Stellen (Bit). Damit können dann Zahlen von 0 bis $2^{32}-1$ dargestellt werden.

Die Darstellung von Zeichen erfolgt mit einem Byte. Dafür haben die Betriebssysteme Zeichensätze.

Bekannt sind die Zeichensätze ANSI und ASCII. Nach beiden Zeichensätzen wird die Zahl 01001001 (dual) = 49 (hex) = 73 (dezimal) als „I" und die Zahl 01001101 (dual) = 4D (hex) = 77 (dezimal) als „M" interpretiert.

Für die digitale Reprografie hat die Darstellung von Zahlen mit 2 Byte eine große Bedeutung. Mit zwei Byte können maximal die Zahlen von 0 bis 65534 dargestellt werden. In Fortsetzung an die vorherige Tabelle ergibt sich nun die folgende Interpretation:

Bit	9	10	11	12	13	14	15	16
Wert	2^{15}	2^{14}	2^{13}	2^{12}	2^{11}	2^{10}	2^{9}	2^{8}
Dez.	32768	16384	8192	4096	2048	1024	512	256

Wird nun aus einer Datei eine Zahl benötigt, werden dazu von der Platte zwei Byte gelesen. Das erste wird nach der oberen Tabelle und das zweite nach der unteren Tabelle interpretiert. Diese Ordnung heißt Little Endian. Sie wird im PC verwendet. Nach der Ordnung Big Endian wird das erste Byte nach der unteren, das zweite nach der oberen Tabelle interpretiert.

Zum allgemeinen Verständnis noch einige Richtwerte aus der Praxis (Andere Autoren mit anderer Praxis und haben andere Richtwerte).
- Für die Darstellung einer Zeichnung im Format DIN A0 in schwarz/weiß mit üblicher Qualität werden etwa 240.000.000 Bit benötigt. Das sind etwa 30.000.000 Byte. Die Umrechnung in

Kilobyte (KB) erfolgt mit dem Faktor 1024 und in Megabyte (MB) mit dem Faktor 1.048.576. Danach werden für die Zeichnung etwa 29 MB benötigt. Für die Darstellung dieser Zeichnung in Farbe werden so etwa 687 MB benötigt.

- In der Praxis wird oft eine Komprimierung oder geringere Qualität angewendet. Dadurch werden die Datenmengen deutlich reduziert. Für die Darstellung einer Zeichnung im Format DIN A0 in schwarz/weiß mit üblicher Qualität können dadurch etwa 800 Kbyte genügen .

- Für eine DIN A4 Seite Text (ein Byte für ein Zeichen) wird etwa 1 KB benötigt. In der Praxis werden mitunter 4 KB für eine Seite formatierten Text benötigt.

- Eine CD hat eine Kapazität 650 MB. Legt man die oben genannten Werte zugrunde können darauf
  - eine A0-Zeichnung in Farbe oder
  - 22 A0-Zeichnungen in schwarz/weiß oder
  - 812 A0-Zeichnungen in schwarz/weiß (komprimiert) oder
  - 650.000 A4-Seiten Text oder
  - 162.500 A4-Seiten formatierter Text abgespeichert werden.

Für das Bearbeiten von Dateien mit A0-Zeichnungen in schwarz/weiß genügen marktübliche Rechner.

C2.2   Dateien

Es gibt verschiedene Arten von Dateien. Auch Programme sind in Dateien abgelegt. Es sind die ausführbare Dateien. Sie tragen meist die Endung "exe" (z.B. Programm.exe).

Die Programme steuern Maschinen oder verarbeiten Daten. Die Ergebnisse legen sie gleichfalls in Dateien ab. Meist tragen auch diese Dateien eine signifikante Endung (z.B. „TXT" für unformatierten Text). In den Dateien der Programme sind oft nicht nur die Daten selbst, sondern auch Steuer-informationen für die Arbeit der Programme abgelegt. In einer Textverarbeitung sind das z.B. Informationen über die Formatierung (Absätze, Schrifttyp ...). So zeigt die Endung einer Datei oft an, welche Formatierung für die darin enthalten Daten verwendet wurde.

Für die digitale Reprografie sind drei Typen von Dateien besonders wichtig:
- Anwenderdateien,
- Plot-Dateien und
- Pixel-Dateien.

C2.2.1 Anwenderdateien

Unter Anwenderdateien werden hier Dateien verstanden, die mit Anwendungen wie Text-verarbeitung, Tabellenkalkulation, CAD-Programme erstellt werden. Diese Dateien enthalten Daten, die nur durch sie selbst interpretiert werden können. Sie bilden oft komplexe Informationen. Zum Beispiel kann so eine Zeichenfolge als Überschrift, Formel oder Bemaßung interpretiert werden.

In dieses Verständnis passen auch DXF-Dateien. DXF kann als definierter und öffentlicher Wortschatz verstanden werden. Mit ihm formulieren Anwendungen ihre komplexen Informationen. Andere Programme, die gleichfalls über diesen Wortschatz verfügen, können diese Informationen dann weiter verarbeiten.

Einige Anwendungen haben eigene Plotter-Treiber. Andere sind auf die Treiber der Betriebssysteme angewiesen. Mit dem Plotter-Treiber werden die komplexen Informationen auf die optische Anzeige reduziert. Damit sind inhaltliche Entscheidungen verbunden, die von einem externen Dienstleister wohl kaum verantwortet werden können.

C2.2.2 Plot-Dateien

Plot-Dateien enthalten Befehle die Plotter steuern. Diese Befehle bilden für ihre Maschinen den Wortschatz: die Sprache die sie verstehen. Jede Maschine versteht eine Sprache. Viele Maschinen verstehen neben ihrer eigenen (die ihres Herstellers) auch andere Sprachen. Das ist wichtig, sonst hat man vielleicht bald einen Plotter, der die Daten der Kunden nicht versteht. So emulieren Plotter andere Plotter. In der Praxis gibt es dabei oft Fehlinterpretationen. Zum Beispiel werden

Stiftwechsel ignoriert, Flächen nicht gefüllt oder es wird meterweise unbedrucktes Papier ausgegeben. Einige Sprachen haben vielfältige Dialekte. Mitunter haben gleichlautende Befehle einer Sprache in unterschiedlichen Dialekten unterschiedliche Bedeutungen. Es empfiehlt sich möglichst wenige Treiber möglichst intensiv zu testen.

Der Wortschatz der die Maschinen ansteuert kann u.a. Befehle enthalten die:
- Die Maschine initialisieren, das heißt die Einstellung aus vorangegangener Arbeit auf die Standardwerte zurücksetzen,
- Einen Hinweis auf die Anwenderdatei enthalten,
- Die Stifte in Farbe und Stärke definieren,
- Die Größe des benötigten Papiers festlegen,
- Das Vergrößern bzw. Verkleinern festlegen (Scalieren) und
- Der Kommunikation zwischen Rechner und Plotter dienen.

Für die optisch darzustellenden Elemente haben sich drei Arten der Formulierung stark verbreitet:
- Vektoren
- Raster und
- Postkript.

Vektoren sind einfache Elemente wie: Linie, Kreis und Polylinie in einem Koordinatensystem. Raster ist ein Pixelbild. Mit Postskript lassen sich Pixelbilder und Vektoren aus einer Fläche darstellen.

Treiber für Stiftplotter liefern Vektoren. Pixelbilder können sie nicht darstellen.

Die gebräuchlichsten Sprachen sind Calcomp und HPGL. Sie sind in ihren Dialekten sehr vielfältig.

Ein bewährter Treiber für Calcomp ist der Calcomp 907 für die Maschinen 1043 und 1044. Wird dieser Treiber für andere Plotter vorgesehen, müssen unter Umständen noch die Zeichen für Sync und EOB sowie die Anzahl der Sync angepaßt werden. In der folgenden Abbildung ist eine Plot-Datei dieser Sprache dargestellt.

Als Text sind die Befehle kaum zu interpretieren. In HEX sind die Zeichenfolgen mit EOB und Sync: „03 0D 0A 02 20" deutlich zu erkennen.

In CAD-Programmen wird dieser Treiber mitunter als „veraltet" bezeichnet. Nach etwa 200.000 Plots mit diesem Treiber interpretiere ich „veraltet" als: erprobt, ausgereift, stabil, zuverlässig, berechenbar usw. Die Ursache dafür mag sein daß der Wortschatz für diesen Dialekt seit langem unverändert und auch deshalb den Programmierern der Treiber sehr gut bekannt ist. Probleme können auftreten wenn in der CAD-Datei Flächen anders als mit herkömmlicher Schraffur gefüllt und Pixel-Bilder verwendet werden.

```
Nr.        Hex                                                          Text (ASCII)
0000: 02 20 21 20 20 21 27 7E|28 21 28 23 25 28 24 21 |  |    |'~(|(#%($|
0010: 23 20 28 25 21 23 21 28|26 21 23 2F 24 21 29 21 | # (%|#|(&|#/$|)|
0020: 20 4E 03 0D 0A 02 20 23|24 27 34 2D 57 2F 25 22 | N|   #$'4-W/%"
0030: 42 26 6C 34 22 38 22 38|40 29 27 35 22 38 22 3A | B&|4"8"8@)'5"8":
0040: 41 26 6C 23 42 22 38 22|43 2D 59 23 42 2D 59 22 | A&|#B"8"C-Y#B-Y"
0050: 42 22 3A 23 41 22 3A 22|35 22 38 22 38 40 24 54 | B":#A":"5"8"8@$T
0060: 34 22 38 22 38 42 22 3A|36 22 3A 22 38 50 03 0D | 4"8"8B":6":"8P|
0070: 0A 02 20 43 24 54 37 22|3A 22 38 23 34 22 3A 22 | |  C$T7":"8#4":"
0080: 38 22 36 22 38 22 38 23|42 24 54 22 42 26 6C 34 | 8"6"8"8#B$T"B&|4
0090: 22 38 22 38 35 22 38 22|3A 41 24 54 35 22 38 22 | "8"85"8":A$T5"8"
00A0: 3A 34 22 38 22 38 42 26|6C 23 42 32 2E 22 43 29 | :4"8"8B&|#B2."C)
00B0: 25 23 40 2B 3F 22 40 22|3A 23 53 03 0D 0A 02 20 | %#@+?"@":#S|
00C0: 36 24 52 2D 59 22 42 26|6C 34 22 3A 22 38 35 22 | 6$R-Y"B&|4":"85"
00D0: 3A 22 3A 41 24 52 35 22|3A 22 3A 34 22 3A 22 38 | :":A$R5":":4":"8
00E0: 42 26 6C 23 42 24 52 22|42 29 27 23 35 24 52 24 | B&|#B$R"B)'#5$R$
00F0: 54 22 43 2B 41 36 22 38|22 38 34 22 3A 22 38 23 | T"C+A6"8"84":"8#
0100: 34 32 2C 22 3A 22 52 03|0D 0A 02 20 42 26 6C 34 | 42,":"R|   B&|4
0110: 22 3A 22 3A 35 22 3A 22|38 41 24 52 37 22 3A 22 | ":":5":"8A$R7":"
0120: 38 43 24 54 36 22 3A 22|38 42 24 52 23 42 26 6C | 8C$T6":"8B$R#B&|
0130: 22 40 29 25 23 40 22 3A|22 40 22 3A 23 36 24 54 | "@)%#@":"@":#6$T
0140: 24 54 22 43 29 25 23 40|24 52 22 34 24 52 24 52 | $T"C)%#@$R"4$R$R
0150: 42 22 3A 59 03 0D 0A 02|20 36 22 38 22 38 43 26 | B":Y|   6"8"8C&
0160: 6C 23 34 32 2E 2D 59 22|42 29 25 23 41 24 52 22 | |#42.-Y"B)%#A$R"
0170: 43 2D 59 23 34 29 27 24|52 22 42 26 6C 34 22 38 | C-Y#4)'$R"B&|4"8
0180: 22 3A 35 23 38 22 38 41|24 54 37 22 38 22 38 43 | ":5"8"8A$T7"8"8C
0190: 24 54 36 22 38 22 38 42|24 54 23 42 26 6C 22 4B | $T6"8"8B$T#B&|"K
01A0: 03 0D 0A 02 20 42 26 6C|34 22 38 22 38 35 22 38 | |   B&|4"8"85"8
01B0: 22 3A 41 24 54 35 23 38|22 3A 34 22 38 22 38 42 | ":A$T5"8":4"8"8B
01C0: 26 6C 23 42 24 54 22 42|29 25 23 35 24 52 24 54 | &|#B$T"B)%#5$R$T
01D0: 22 43 2B 41 36 22 3A 22|38 34 22 38 22 38 23 53 | "C+A6":"84"8"8#S
01E0: 22 32 50 31 3D 2B 20 26|46 03 0D 0A 02 20 21 21 | "2P1=+ &F|  ||
01F0: 2A 38 24 21 28 20 4F 03|0D 0A                     | *8$|( O|
```

Für HPGL gibt es die Dialekte HP-GL, HP-GL/2 (Hewlett-Packard's Graphics Language) und HP RTL (HP's Raster Transfer Langguage).

Ein großer Vorteil der Plottersprache HPGL ist, daß sie mit einer normalen Textverarbeitung gut lesbar ist. Zum Beispiel kann die Zuordnung von Farben zu den Stiften mit den Befehlen „PC...", die Zuordnung von Strichstärken mit „PW..." leicht nachvollzogen werden. Ein Auszug aus einer Plot-Datei ist auf der folgenden Abbildung dargestellt.

```
,(;.I81;;17;.N;19;IN;SC;PU;PU;
SP1;LT;VS36;PU;PA322,885;PD;PA686,885;PA807,1006;
PA807,1490;PA686,1612;PA322,1612;PU;PA443,1612;
PD;PA443,885;PU;PA1170,885;PD;PA1049,1006;
PA1049,1248;PA1170,1369;PA1291,1369;PA1413,1248;
...
PA10014,1369;PU;PA10257,1369;PD;PA10741,1369;PU;
PA10741,1006;PD;PA10620,885;PA10499,1006;
PA10499,1612;PU;PA10014,1006;PD;PA9893,1127;
PA9651,1127;PU;PA9530,885;PD;PA9893,885;PA10014,1006;
PU;PA0,0;SP;
```

Der Wortschatz von HPGL wird seit langer Zeit entwickelt. Die Programmierer von abhängiger Software (z.B. Plotter, Bildbearbeitung, CAD-Programme) konnten diesen Fortschritten nicht immer rechtzeitig folgen. Sicherlich ist HP aber groß und gut genug sowie HP-Maschinen weit genug verbreitet, daß es für HPGL immer einen Windows-Treiber geben wird. Deshalb wird ein HP-Plotter mit großer Wahrscheinlichkeit die Ansicht einer Anwendung auf das Papier bringen.

HP-RTL ist ein Wortschatz, der Rasterdaten formulieren kann. HP-RTL gehört zum Wortschatz von HP-GL/2. So können auch Ansichten der CAD-Pläne, in denen Pixel-Bilder eingebunden sind, mit einem HP-GL/2 Plotter-Treiber in eine Plot-Datei geschrieben werden. Ein Plotter, der HP-GL/2 versteht, muß diese Ansichten (einschließlich der Pixel-Bilder) dann auf das Papier bringen können. Ein bekannter Plotter, der dieses Verfahren sicher beherrscht, ist der HP DesignJet 750C. Ein Auszug aus einer Plot-Datei ist auf der folgenden Abbildung dargestellt.

```
%-12345X@PJL JOB NAME = "Testseite"
%-12345X@PJL SET DRIVERVERSION = v3.10
@PJL SET MIRROR = OFF
@PJL SET PALETTESOURCE = SOFTWARE
@PJL SET RENDERMODE = COLOR
@PJL SET PRINTAREA = FULLSIZE
@PJL SET RESOLUTION = 300
@PJL SET PAPERLENGTH = 33704
@PJL SET PAPERWIDTH = 23842
@PJL SET ORIENTATION = PORTRAIT
@PJL SET MARGINS = NORMAL
@PJL ENTER LANGUAGE = HPGL2
%1BBP5,1,1," #1/Testseite"INWU0NP256QL51PS46201,33240
RO90SC;IP0,0,1016,-1016IR0,100SC0,300,0,300MC1,0
PE<=¿¿;AC0,0
%1A*p0x0Y*pR*v6W *v1N*I2400
%1BIW0,0,9813,13640LA1,4LA2,4%1A*t13J*v1O*p255x174Y
%1BTROPMOPEÌÈÍÈÍÆÍÆÍÆÈÄÈÂÈÄÈÂÈ¿ÈÂÈ¿É¿É¿ÉÁÇ¿ÇÁÇÁÇ¿ÁÂ
ÁÇ¿ÁÂÅÂÃÁÂÅÁÂÃÁÂÃÁÂÃÁÂÃÁÂÃÁÁ¿¿¿Á¿]ÄÊÆÌÆÊÆÈÍÂÊÂÌ¿Ì¿Ê¿Ê
ÁÌ¿ÊÁÊÁÊÁÊÁÊÃÁÊÃÁÊÁÊÁÊÃ¿ÆÁÆÃ¿ÂÁÄÂ¿ÆÁÂÂÂÂÂ¿¿ÁÂ¿¿ZÄ;
PM2PC2,0,0,0PW0.10,2PE:Ã;PP1IW0,0,9814,13641FP0
PP0IW0,0,9813,13640PC3,0,0,0PW0.14,3PE:Å;LA3,10.00
PE<={ÆYÄ¿¿ÏÈÍÈÍÆÍÆÍÁÈÄÈÄÈÄÈ¿ÈÄÈ¿ÊÂÈ¿É¿ÉÁÉÁÂÇ¿ÇÁÇ¿ÁÇ¿ÁÂÅÁÂ
ÇÁÂÁÂÃÁÂÅÂÃÁÂÅÂÃÁÂÄ¿ÃÁÂÁÂÁ¿¿Á¿¿¿]Ä¿¿ÊÆÌÆÊÂÈÍÂÌÂÌÃÂ¿ÌÌ¿ÊÁÊÂ¿
ÌÁÊÁÊÁÊÁÊÁÊÃÁÊÃÁÂÆÁÂÃÂ¿ÆÁÄÂ¿ÆÁÂÄ¿ÆÃ¿ÄÂÂ¿¿Á¿¿Â¿ZÄ<=yÃ
```

...

```
%1BPP0IW0,0,9813,13640PE<=kÃ[ú;RR1195,41MC1,184PP1
IW0,0,9814,13641PE<=kÃYû;%1A&p1X*p173x1933Y&*p196x
1933Y&p1X*p219x1933Y?*p242x1933Y:*p265x1933Y,*p288x
```

...

```
%1BPG;%-12345X@PJL EOJ
```

Außer einigen signifikanten HPGL-Befehlen ist überwiegende Teil dieser Dateien mit einem normalen Text-Editor nicht zu interpretieren.

C2.2.3 Postscript-Dateien

Pstscript ist eine Sprache, die Vektoren und Pixel-Bilder beschreiben kann. Sie hat sich in den Letzten Jahren weit verbreitet. Ein Auszug aus einer Datei ist in der folgenden Abbildung dargestellt.

Auch dieser Dateityp kann mit einem Text-Editor leicht erkannt werden.

```
%!PS-Adobe-3.0%%Title: Testseite
%%Creator: Windows NT 4.0
%%CreationDate: 16:9 5/24/2000
%%Pages: (atend)%%BoundingBox: 7 7 581 836
%%LanguageLevel: 2%%DocumentNeededFonts: (atend)
%%DocumentSuppliedFonts: (atend)%%EndComments
%%BeginProlog
%%BeginResource:
 procset NTPSOct95/NTPSOct95 100 dict dup begin/bd
{bind def}bind def/ld{load def}bd/ed{exch def}
bd/a{currentpoint}bd/c/curveto ld/d/dup ld/e/eofill ld/f/fill
ld/tr/translateld/gr/grestore ld/gs/gsave ld/j
/setlinejoin ld/L/lineto ld/M/moveto ld/n
/newpath ld/cp/closepath ld/rm/rmoveto ld/sl
/setlinewidth ld/sd/setdash ld/g
/setgray ld/r/setrgbcolor ld/s/stroke ld/t/show ld/aw/awidthshow
 ...
%%EndResource
%%EndProlog
%%BeginSetup[{0/languagelevel ...
   { << /PageSize /A4 >> setcolorbundle }
   { << /PageSize [595 842] /MediaType null
       /InputAttributes << 0 << /PageSize [595 842]
       /MediaType null >> >> >> setpagedevice
       ...
 /Oslash/ugrave/uacute/ucircumflex/udieresis/yacute
/thorn/ydieresis]def
LATENC /_Courier /Courier reencode[56 0 0 -56 0 0]/_
Courier MF(Wenn Sie diese Informationen lesen k\366nnen,
   wurde der Fiery XJ R2 Ver 3.1 )
200 959 MSn1190 57 200 971B1 gf0 g
   (richtig auf XXX installiert.)
 ...
Msn1088 57 200 2453 B1 gf0 g
   (Dies ist das Ende der Testseite.)
200 2498 MSshowpagePageSV restore
%%Trailer%%DocumentNeededFonts:
%%+ Courier%%+ Times-Roman
%%DocumentSuppliedFonts:end%%Pages: 1%%EOF
```

C2.2.4 Pixel-Dateien

Pixel-Dateien enthalten die Pixel eines oder mehrerer Bilder. Sie stellen alle Pixel des Bildes dar. Das beinhaltet neben den darzustellenden Elementen auch den Hintergrund. Deshalb sind Pixel-Dateien für eine darzustellende Fläche trotz Komprimierung gewöhnlich größer als Vektor-Dateien. Das trifft besonders für Farbformate zu.

C2.3 PC-Software

PC-Software ist teuer. Das betrifft weniger den Preis für das Programm selbst, sondern vor allem den Aufwand für:
- die Suche,
- die Installation,
- den Test,
- die Einführung in den Betrieb sowie
- das Anfertigen und die Verwaltung von Sicherheitskopien.

Wichtig ist, daß bei allen Entscheidungen die folgenden Aspekte Berücksichtigung finden:
- Die Demonstration eines Entwicklers kann man seinen Kunden nicht verkaufen,
- Können die Funktionen und Fehlfunktionen durch das Personal nicht verstanden werden, wird die eigene Bewegungsfreiheit schmerzlich eingeschränkt.
- wechselnde Betriebssysteme und Hardware,

- Verträglichkeit von Schutzfunktionen mit Schutzfunktionen im Betrieb befindlicher Programme,
- Ein Doungle hat eine Länge und ein Gewicht. Deshalb kann der dritte Doungle auf einer LPT-Schnittstelle schon zu mechanischen Problemen führen.

C2.3.1 Dateimanagement

Zu der Arbeit mit Dateien gehören auch einfachste Verwaltungsfunktionen. Diese sind unter anderem Kopieren, Verschieben und Löschen. Windows bietet dafür den Explorer an.

Für MS-DOS war der Norton-Kommander weit verbreitet. Damit konnten auch ganze Verzeichnisse verschoben und gepackt werden. Für viele Dateiformate gab es einen integrierten Viewer. Ein Viewer stellt den Inhalt einer Datei auf dem Bildschirm dar. Für Text-Dateien gab es einen Editor. Sehr angenehm war, daß es zwei Fenster mit Blick auf die Verzeichnisstruktur gab. So konnte man sehr direkt die Folgen seiner Tätigkeit überschauen. Die Bedienung war sehr einfach mit den Funktionstasten. Die Fenster konnte man mit alt+F1 bzw. alt+F2 auf die Laufwerke lenken. Sonst folgte die Bedienung den Standards:

F1 – Hilfe,
F3 – Betrachten,
F4 – Editieren,

F5 – Kopieren,

F6 – Verschieben,

F7 – neues Verzeichnis erstellen und

F8 – Löschen.

Einige Programme halten sich noch heute an diese Standards. Das erleichtert die Bedienung ungemein. Für Windows gibt es den Window-Commander mit dieser Funktionalität.

C2.3.2 DFÜ

Auch für die DFÜ (DatenFernÜbertragung) gibt es inzwischen vielfältige technische Möglichkeiten. Für die Nutzer mit ISDN hat sich „Fritz" bewährt. Bewährt bedeutet: daß das Programm zuverlässig und stabil funktioniert. Außerdem ist Fritz inzwischen sehr stark verbreitet. Dadurch erübrigen sich oft langwierige Abstimmungsprozeduren.

Die Bedienung ähnelt dem oben genannten Windows-Commander.

Wie andere Programme auch, stellt Fritz Komprimierungsverfahren zur Auswahl. Dabei werden die Daten beim Sender gepackt und beim Empfänger entpackt. Das Ergebnis muß kritisch betrachtet werden. Bei der Übertragung können Daten verloren gehen. Bis zu dieser Erkenntnis habe ich schon einmal mehr als eine Stunde mit dem Plotter-Treiber eines Kunden experimentiert. Wenn es keine Instanz gibt, die den sporadischen Verlust von Vektoren bemerkt, können derartige

Fehlfunktionen fatale Folgen haben. Von Fritz zu Fritz habe ich noch keine Fehlfunktion bemerkt.

C2.3.3 Bildbearbeitung

Neben den allgemein für den privaten Bereich gebräuchlichen Programmen für die Bildbearbeitung gibt es auch Programme, die speziell für die Erfordernisse der digitalen Reprografie gestaltet wurden. Die Anforderung ist: daß ein Bediener ohne besondere EDV-Kenntnisse mit einem handelsüblichem PC in einer Stunde etwa 20 Dateien eines Scanners (A0-Zeichnungen) Ausrichten, Säubern, Beschneiden, ggf. Drehen und Abspeichern kann.

Weitere wichtige Leistungsmerkmale dieser Programme für den täglichen Betrieb sind:
- Robustheit gegenüber Fehlern in den Dateien und
- Korrektes Schreiben der Dateiformate.

Sehr bekannt sind TECEDIT und der SPICER. Das herausragende Merkmal des SPICERS ist, daß er wohl besonders robust ist. Ich kenne ihn durch die Arbeit mit den Scannern von OCE. Sonst kenne ich kein Programm das die TIFF-G4 Dateien der mir bekannten OCE-Scanner lesen könnte. Die Funktionalität von TECEDIT zu beschreiben übersteigt die Möglichkeiten dieses Artikels bei weitem. Es ist einfach gut und die einzige

Anschaffung, die ich uneingeschränkt empfehlen kann.

C2.3.4 Internet

Das Internet war ein durch das US-Veteidigungsministerium initiiertes Netzwerk von Rechnern. Heute ist es ein kommerziell genutztes weltweites Netzwerk. Ausbau und Nutzung entsprechen der regionalen Wirtschaftskraft. Das Internet bietet seinen Nutzern vielfältige Dienste. Die bekanntesten sind das www und e-mail. Diese Dienste bilden einen Raum mit einer neuen eigenen Gesellschaft (Bevölkerung, Moral, Ethik, Wirtschaft, Märkte, Kapital, Recht, ...). Um ihre genauere Definition mit bisher anerkannten Werten bemühen sich derzeit die Philosophen. Ein ehemaliger Tennis-Profi bringt es auf den Punkt: „Ich bin drin.".

Für das Geschäft sind schon jetzt besonders wichtig:
- die Informationen von Firmen auf deren Seiten,
- das Aktualisieren von Treibern
- die Kommunikation per e-mail und
- der Einkauf.

Für die Nutzung dieser Möglichkeiten wird in der Regel ein Internet-Zugang und ein Browser benötigt. Beides stand im Zusammenhang mit einem Börsengang bzw. einem Gerichtsverfahren viele Monate lang im Mittelpunkt der Medien und braucht deshalb wohl hier nicht weiter vertieft werden.

C2.3.5 Packer

Als Packer werden hier Dienstprogramme verstanden, die Dateien in andere Dateien komprimieren und diese komprimierten Dateien wieder in ihre ursprüngliche Form dekomprimieren können. Durch das Packen kann sich der Platzbedarf für die Datei erheblich verringern. Zum Beispiel verringerte sich der Platzbedarf für die Datei dieses Artikels von gegenwärtig 117 kB auf 32 kB. Das sind etwa 27% der ursprünglichen Größe. Einige Dateiformate nutzen eine interne Komprimierung. Dann bringt der Einsatz eines Packers wenig.

In der Praxis werden Packer für den Transport der Daten mit Disketten benötigt. Bei dem Versand per DFÜ sparen sie Zeit und damit Telefonkosten.

Die gebräuchlichsten Packer sind in der folgenden Tabelle aufgeführt:

Packer	Programme
ZIP	Pkzip.exe
	Pkunzip.exe
ARJ	Arj.exe
LZA	Lza.exe
RAR	Rar.exe
UC2	Uc.exe
ACE	Ace32.exe

Bei der Verwendung eines Packers geht es nicht nur darum, wie stark oder schnell er komprimiert. Viel entscheidender ist, ob die jetzigen und künftigen

Kunden in ihrem Umfeld mit den gepackten Dateien arbeiten können.

Der oben genannte Windows-Commander kann für den Umgang mit gepackten Dateien auch eigene interne Funktionen verwenden. Dann ist kein zusätzlicher Aufwand erforderlich.

C2.4   PC-Netze

Letztendlich sind Rechner und Maschinen Ressourcen mit Kosten. Gewöhnlich bilden sie mit Monitor, Tastatur und Maus einen Arbeitsplatz. Dadurch ist ihre Nutzung beschränkt. Mit einer Vernetzung der Maschinen und Rechner werden die Ressourcen von vielen Arbeitsplätzen aus nutzbar.

Für die Vernetzung gibt es viele Techniken. Nicht ohne Grund hat sich Ethernet in den letzten Jahren weit verbreitet. In den Rechnern und einigen Maschinen wird dafür eine zusätzliche Netzwerkkarte benötigt. Äußerlich lassen sich zwei Techniken anhand ihrer Stecker leicht unterscheiden: BNC und RJ-45.
-   BNC ähnelt dem Antennenkabel eines Fernsehers. Es hat zwei Enden, die mit Abschlußwiderständen abgeschlossen sind. Tatsächlich besteht dieses Kabel aus vielen Teilen. Diese sind durch T-Stücke miteinander verbunden. Die T-Stücke werden auf die Netzwerkkarten gesteckt. Üblich sind anstelle der T-Stücke auch Netzwerkdosen, in die die

Anschlußkabel der Netzwerkkarten gesteckt werden. Die Stecker ähneln denen analoger Telefone. Diese Verkabelung entspricht einem Bus. Die Geschwindigkeit von BNC ist mit 10 MB/s (1,25 Mbyte/s) angegeben. In der Praxis werden bei der Übertragung von Dateien etwa 0,9 Mbyte/s erreicht.

-   RJ-45 ähnelt dem Stecker der ISDN-Telefone (Western-Stecker). Der Anschluß der Rechner und Maschinen durch ein einfaches T-Stück ist hier nicht mehr möglich. Es wird eine zentrale Verteilereinheit (HUB oder Switch) benötigt. Der HUB/Switch ist mit jedem Rechner/jeder Maschine mit einem separatem Kabel verbunden. Diese Verkabelung entspricht einem Stern. Sie ist wesentlich zuverlässiger als ein BNC-Bus. Es gibt sie für 10 und für 100 MB/s-Netzwerke.

Auch für die Netzwerkkarten gibt es einen speziellen Treiber. Er bestimmt, welche Signale in das Kabelnetz geleitet bzw. aus dem Kabelnetz empfangen werden können. Von großer Bedeutung ist die Konfiguration des TCP/IP-Protokolls. Dabei bekommt die Karte eine eindeutige IP-Adresse im Netz. Über diese IP-Adressen können Rechnern und Maschinen Dateien geschickt werden. Zu den TCP/IP-Komponenten gehören auch die Utilities ftp und lpr. Mit ftp kann auf andere Rechner und Maschinen zugegriffen werden. Es wird durch viele Maschinen unterstützt und zeichnet sich durch seine

Effizienz bei der Datenübertragung aus. Im Internet werden über FTP-Server Dateien verteilt. Mit lpr können Drucker im Netzwerk angesteuert werden.

Neben der elektrischen Verbindung benötigt ein Netzwerk auch eine administrative Funktionalität. Es sind dies Mechanismen, die die Rechte für den Zugang, die Nutzung und die Konfiguration regeln. Auch dafür gibt es viele Techniken. Es sind dies die sogenannten Netzwerk-Betriebssysteme. Als solche sind LINUX, Windows NT und Novell weit verbreitet. Die Netzwerk-Betriebssysteme benötigen für Ihre Dienste weitere Protokolle, die bei der Konfiguration der Netzwerkkarten berücksichtigt werden müssen.

Windows NT regelt die Administration durch sogenannte Domänen. In einer Domäne werden die Rechner des Netzes bekanntgegeben. Außerdem gibt es Gruppen mit bestimmten Rechten auf bestimmte Ressourcen. So kann es z.B. Administratoren mit den Rechten zur Installation neuer Programme, Hauptbenutzer mit dem Recht zum Löschen von Dateien auf einer bestimmten Platte und Gäste mit dem Recht zum Lesen von Dateien von einer bestimmten Platte geben. Diese Rechte sollten definiert und verwaltet werden. Neben den Gruppen werden Benutzer eingerichtet. Ein Benutzer ist hier mehr eine Anmeldung. Der Benutzer besteht aus einem Namen und einem Passwort. Die Benutzer werden Gruppen zugeordnet. So kann z.B. Benutzer

„Jan Krull" mit dem Passwort „xyz" der Gruppe der Hauptbenutzer zugeordnet werden. Meldet sich nun jemand mit seinem Namen und Passwort von irgend einem Rechner im Netz bei der Domäne an, erhält er die für ihn vorgesehenen Ressourcen aus dem Netz zu seiner Verfügung. Der Benutzer, der sich als Jan Krull angemeldet hat, könnte nun Dateien löschen.

C2.5   Scanner

Als Scanner werden hier Geräte bezeichnet, die Oberfläche von Papier oder anderen Medien optisch messen und das Ergebnis in einem PC leiten. Auf dem PC läuft ein Programm, das diese Daten aufnimmt und in eine Datei mit einem bestimmten Format schreibt.

In dem Papiereinzug des Scanners gibt es einen Sensor. Er signalisiert Papieranfang und Papierende. Nachdem die Zeichnung im Scanner erkannt worden ist, kann das Scannen gestartet werden. Registriert der Sensor das Papierende, wird der Scanvorgang beendet.

C2.6   Plotter

Als Plotter werden hier Geräte bezeichnet, die Plot-Dateien interpretieren und diese Interpretation auf Papier oder andere Medien darstellen.

Nach ihrer Art die Daten einer Datei zu verarbeiten gibt es grundsätzlich zwei Typen: Stiftplotter und Raster-Plotter. Bekommt ein Stiftplotter den Befehl für einen Strich, wählt er den entsprechenden Stift und zeichnet den Strich von seinen Anfangskoordinaten bis zu seinen Endkoordinaten. Ein Raster-Plotter bringt ein Bild , unabhängig vom Inhalt, zeilenweise auf das Papier.

Viele Raster-Plotter können Stiftplotter emulieren. Dazu wird in ihrem Speicher Platz für jeden Bildpunkt der Zeichnung reserviert. Dann werden die Befehle für den Stiftplotter eingelesen und für die künftigen Bildpunkte der Zeichnung interpretiert. Das Bild entsteht so zunächst im Speicher und wird dann zeilenweise auf das Papier gebracht.

In der Praxis wird der Stand der Technik der Plotter durch die Entwicklung der Plotter-Sprachen überholt. Dann können die Plotter die Plot-Dateien nicht mehr korrekt interpretieren. Deshalb werden sogenannte Konverter angeboten. Konverter sind Programme, die Dateien von einem Format in ein anders übersetzen. Sehr gebräuchlich sind Konverter von HPGL2 bzw. Postskript nach TIFF. HPGL2 und Postskript sind moderne Sprachen, die vielfältige Möglichkeiten für die graphische Darstellung bieten. TIFF ist ein altes, bewährtes Format. Es stellt nur Bildpunkte dar und ist damit unabhängig von Maschinen und Bedienern. TIFF kann von vielen Plottern und Programmen zur Bildbearbeitung interpretiert werden. Dadurch kann das Ergebnis der Konvertierung leicht kontrolliert werden.

Die Leistungsfähigkeit des Dienstleisters wird auch durch die technischen Parameter seiner Maschinen beeinflußt. Einige Plotter können die empfangene Datei, sofern sie ihr Format verstehen, einfach nur plotten. Andere Modelle bieten weitaus mehr Funktionen. Einige sind:

- plotbare Dateiformate
- variable Ränder
- Ansteuerung einer Faltmaschine
- Erkennung der Dateiformate
- Medienauswahl (Papier, Transparent, Folie ...)
- mehrere Einzüge für verschiedene Medien unterschiedlicher Breite
- Spiegeln, Drehen, Scalieren
- Ansteuerung durch Jobdatei
- Sätze
- variable Karusselle
- Möglichkeiten der Datenübertragung (z.B. Netz - TCP/IP
- Ausgabe einer Protokolldatei (Maschinenstatus)
- Plotgeschwindigkeit

Wichtig ist auch die kleinste darstellbare Fläche des Plotters. Einige Plotter können einzelne Pixel nicht auf das Papier bringen. Das führt dazu, daß Flächen, deren Farbe durch einzelne Pixel emuliert wird, weiß dargestellt werden. In der Praxis betrifft das oft die Pläne von Architekten, die mit so dargestellten Schatten ihren Ansichten einen pseudo-3D-Effekt verleihen.

Ein weiters Qualitätsmerkmal eines Plotters ist die Schärfe der schwarz-weiß-Übergänge. Bei vielen Plottern „fransen" die schwarzen Flächen aus. In unmittelbarer Nähe schwarzer Linien befinden sich einzelne Toner-Partikel. Diese sind zwar normalerweise mit bloßem Auge nicht festzustellen, aber sie beeinträchtigen doch den optischen Gesamteindruck des Plots.

C3   EDV-Organisation

Die EDV in einem Betrieb lebt und stirbt mit ihrer Organisation.

Die EDV bietet ihren Anwendern so viele Möglichkeiten, daß ihre spontane Nutzung, obwohl sie im konkreten Fall vielleicht Lösungen hervorbringt, zwangsläufig zum Chaos betrieblicher Abläufe führen muß.

Die folgenden Denkanstöße sollen diese These unterstützen:
-    Oft werden durch eine Art der Nutzung andere Funktionalitäten eingeschränkt.
-    Durch „Insel-Lösungen" in der Produktion wird das gleichmäßige Qualitätsniveau des Betriebes zerstört.
-    Fällt ein „Insulaner" aus beginnen die Experimente.

- Ist die Technik ungenügend dokumentiert, beginnt jede Reparatur mit einer teuren Bestandsaufnahme. Dabei geht auch Zeit verloren.
- Durch viele undokumentierte Basteleien kann die Zuverlässigkeit der Anlage nicht mehr beurteilt werden.
- Eine chaotische Ablage kann zu enormen Zeiten für die Suche führen.
- Eine instabile EDV verunsichert das Personal. Die Produktion wird gehemmt. Für ordentliche Menschen kann eine chaotische Umgebung eine große Belastung sein.
- Durch wechselnde oder fehlende Verantwortlichkeiten wird die Fehlersuche erschwert.

Andererseits ist das Chaos oft die Quelle des Fortschritts. Ohne Experimente wird man auf neuen Gebieten kaum Lösungen für neue Probleme finden. Deshalb werden Technik und Verfahren einem „Level" (Niveau) zugeordnet. Ein Beispiel ist in der folgenden Tabelle aufgeführt.

Level 0	Ideen, Wünsche, Konzepte
Level 1	Erfolgreiche lokale Experimente
Level 2	Erfolgreiche praktische Versuche in der Produktion
Level 3	Mindestens 3 Monate erfolgreiche Bewährung in der Produktion; Dokumentation fertig; Schulung der Mitarbeiter abgeschlossen;

Mit diesem Verfahren kann
- die Produktion gegen Risiken gesichert,

- das Personal über den aktuellen Stand der Technik informiert und
- die Entwicklung neuer Techniken und Verfahren gesteuert werden.

In der EDV-Organisation der Produktion müssen die Gestaltung der Abläufe, Datensicherung, Datensicherheit, Zuverlässigkeit und Systemstruktur eine stabile und berechenbare Einheit bilden.

C3.1   Gestaltung der Abläufe

Die Arbeit in der Produktion führt zu erheblichem Streß. Die Ursache dafür sind die ständig gleichzeitig wirkenden hohen physischen und psychischen Belastungen. Physische Belastungen entstehen aus dem Bewegen von gewaltigen Papiermengen und der gleichzeitigen Bedienung verschiedener Rechner und Maschinen. Psychische Belastungen entstehen aus den vielen parallelen Prozessen. Diese parallelen Prozesse sind z.B. bei einer digitalen Großkopie

- das Vorsortieren der Originale,
- das Scannen,
- die digitale Bildbearbeitung,
- die Überwachung der Maschinen beim Plotten,
- die Papierversorgung der Maschinen,
- die Qualitätskontrolle,
- die Ablage der Daten,
- die Mängelbeseitigung und
- der Telefondienst.

Zusätzlich wirken noch komplizierte klimatische Bedingungen und die Geräusche der Rechner und Maschinen.

Geraten die Prozesse außer Kontrolle, entsteht die Gefahr, daß das System kollabiert. Dann muß der Auftrag aus der Produktion genommen werden. Für den Soll-Ist-Vergleich werden dann große Mengen Papier und Daten identifiziert und sortiert. Mit einem definierten Stand kann der Auftrag dann wieder in die Produktion integriert werden. Der Betrieb hat Arbeitszeit und Material verloren. Schlimmstenfalls wird der Termin des Kunden überzogen.

Deshalb ist es dringend geboten, die internen Abläufe ständig kritisch zu analysieren.

Die wichtigste Regel für die Gestaltung der Abläufe ist: Die Prozesse müssen für das Personal möglichst einfach sein. Dazu die folgenden Denkanstöße:
- Entscheidungen vermeiden (Nachdenken vermeiden),
- Viele Prozesse auf wenige Standardsituationen abbilden und diese als solche bewußt nutzen (wie im Fußball),
- Eindeutige und einfache Namen für Maschinen und Rechner,
- Die Ressourcen der Maschinen und Rechner müssen von allen Arbeitsplätzen aus gleich erreichbar sein (z.B. das Verzeichnis auf dem

Rechner mit DFÜ für die mit DFÜ übertragenen Dateien muß von allen Rechnern mit dem gleichen Laufwerksbuchstaben aufzurufen sein),
- Feste Organisation der Verzeichnisstrukturen auf den Rechnern (z.B. .../Scan/Kunde/Datum/ für gescannte Zeichnungen auf dem „Scan-Rechner" oder .../Plot/Kunde/Datum/ für Plot-Dateien auf dem „Plot-Rechner",
- Regelmäßige Suche nach Datenmüll,
- Überwachen der Ressourcen (z.B. Kapazität der Platten, Geschwindigkeit des Netzwerkes) und
- Möglichst gleiche Oberflächen auf allen Rechnern.

C3.2 Datensicherheit

Digitale Reprografie bedeutet Datenverarbeitung. Es sind dies Daten des Kunden. Für deren Schutz hat der Dienstleister eine besondere Verantwortung.

Sind die Daten im Betrieb des Dienstleisters selbst geschützt, verbleibt noch der Schutz der Daten gegen Zugriffe von Außen. Dafür müssen die Freigaben von Verzeichnissen auf den Rechnern kritisch untersucht werden.

Weitere Zugriffe auf die Rechner des Dienstleisters können über das Internet und über die ISDN-Datenübertragung erfolgen. In die Programme für die ISDN-Datenübertragung sind Schutzfunktionen integriert. Hier müssen die Berechtigungen der externen Benutzer korrekt verwaltet werden. Es hat sich bewährt, jedem Kunden ein eigenes Verzeichnis einzurichten. Die Kennwörter brauchen beim Dienstleister nicht verwaltet zu werden.

Die Gefahr des Mißbrauchs des Internet wächst mit dessen Bedeutung. Die Methoden der Attacken sind schon heute recht vielfältig. Außer Viren gibt es auch Trojanische Pferde, Agenten und vieles mehr. Viren sind Programme, die Daten zerstören und die Funktion von Rechnern beeinträchtigen. Sie können sich unerkannt selbständig verbreiten. Trojanische Pferde bauen automatisch Verbindungen nach außen auf. Agenten sind Programme, die die Rechner nach bestimmten Informationen durchsuchen und die Dateien mit den gesuchten Informationen an bestimmte Stellen übertragen.

Übertragen werden diese Programme oft durch Dateien die sich als Anhang in e-mails befinden.

Das Problem für den Empfänger ist, daß er aus der e-mail den tatsächlichen Absender nicht erkennen kann. Der dort genannte Absender entspricht nur im Normalfall der Person der diese Adresse gehört.

Im Zeitalter der EDV lösen sich für den Verbraucher viele Probleme mit der Zeit von selbst. Der Markt ist groß genug, so das es für die meisten Bedürfnisse kurzfristig auch Anbieter gibt. Für den Verbraucher im Bereich der Datensicherheit ist die Lage eher umgekehrt. Sollte es irgendwo noch eine Insel der

Sicherheit geben, wird es irgendwann auch einen Mechanismus geben, der diese Sicherheit überwältigt.

In der Praxis werden verschiedene Schutzmechanismen praktiziert. Wirksam sind organisatorische Maßnahmen in Verbindung mit Virenschutz-Programmen.
Einige Organisatorische Maßnahmen sind:
- Disziplin des Personals – keine außerbetrieblichen Dateien (z.B. Spiele) in den Betrieb bringen,
- Regulierung der externen Zugriffe auf die eigenen Rechner und
- Vorsicht beim Umgang mit e-mails.
Virenschutz-Programme kontrollieren Rechner auf den Befall durch Viren. Das Angebot ist vielfältig. Es gibt Programme die auf dem Server und auf den dem Netz angeschlossenen Rechnern installiert werden.

Virenschutz-Programme sind zum Zeitpunkt ihres Erwerbes schon veraltet. Das liegt in der Natur der Sache. Um diesen Zustand nicht weiter zu verschlechtern, sollten sie regelmäßig aktualisiert werden. Es gibt Produkte die sich selbständig über DFÜ aktualisieren.

C3.3   Datensicherung
Die Datensicherung beschreibt Mechanismen zur Wiederherstellung verlorener Daten.

Digitale Daten sind ein besonderes Kapital. Man kann sie mit bloßem Auge nicht sehen, man kann sie nicht anfassen und ihr Wert ist schwer zu bestimmen. Trotzdem muß ein vertretbarer Aufwand für die Datensicherung kalkuliert werden. Die folgenden Ansätze mögen dabei recht hilfreich sein:
- Die Konfiguration eines Rechners für die Produktion dauert mindestens einen Tag. Für diese Zeit fällt dieser Arbeitsplatz für die Produktion aus.
- Wie lange dauert das Erfassen aller Aufträge eines Monats in die Faktura?
- Wie lange dauert die Wiederbeschaffung „verlorener" Programme und Treiber?

Die Betrachtung des möglichen Schadens und der Wahrscheinlichkeit seines Eintreffens ist ein Maß für den Aufwand zur Verhütung.

Die Preise für die gängigen Geräte zur Datensicherung sind drei bis fünfstellig. Eine Datensicherung kann viele Stunden dauern und den Betrieb der Rechner und Maschinen erheblich einschränken. Deshalb lohnt sich eine genauere Betrachtung.

Die Datensicherung erbringt ihre Leistung mit folgenden Qualitäten:
- Kapazität des Mediums (Menge der Daten auf einem Medium),

- Geschwindigkeit (Zeit für die Datensicherung),
- Zeit für die Wiederherstellung,
- Manueller Aufwand für die Sicherung,
- Manueller Aufwand für die Wiederherstellung,
- Preise der Medien und
- Lebensdauer der Medien

Entsprechend kann der Wiederherstellungsbedarf der Daten des Betriebes differenziert werden. Danach lassen sich die Daten des Betriebes wie folgt unterteilen:
- Systeme (Installationen der Rechner und Maschinen),
- Betriebsdaten (Faktura, Schriftverkehr ...),
- Online-Daten (Server-Dienste),
- Externe Software und Treiber und
- Tagesdaten (Plot-Dateien).

Die Systeme eines Betriebes müssen
- äußerst kurzfristig (<1 Stunde),
- mit hoher Sicherheit,
- im eigenen Betrieb und
- durch Bediener ohne Spezialwissen
wiederherstellbar sein.

Die Betriebsdaten müssen
- mittelfristig (zum nächsten Arbeitstag),
- mit mittlerer Sicherheit und
- im eigenen Betrieb
wiederherstellbar sein.

Die Online-Daten müssen
- kurzfristig (gem. Auftrag) und
- mit hoher Sicherheit,
wiederherstellbar sein.

Die Externe Software und Treiber eines Betriebes müssen
- mit gewisser Sicherheit,
wiederherstellbar sein.

Die Tagesdaten müssen nicht unbedingt wiederherstellbar sein.

Für die Datensicherung gibt es u.A. die folgenden Techniken:
- Notfall-Disketten,
- Raid-Systeme /Gespiegelte Platten,
- Bandgeräte und
- Sicherheitskopien auf CD.

Notfall-Disketten werden durch Windows erstellt. Es sind zwei oder drei Disketten pro Rechner, mit denen das System regeneriert werden kann.

Raid-Systeme benötigen Festplatten. Deshalb sind sie teuer. Eigentlich ist ein Raid ein Modell für die Nutzung von Festplatten. Für die Belange der Datensicherung haben die Modelle Raid 1 und Raid 5 besondere Bedeutung erlangt.
Im Raid 1 werden anstelle einer zwei Platten genutzt. Auf der zweiten Platte wird währen des

Betriebes die erste gespiegelt. Fällt die erste Platte aus, läuft der Betrieb ohne Unterbrechung auf der zweiten Platte weiter.

Im Raid 5 werden meist 6 Platten genutzt. Die Ablage ist intern so organisiert, daß beim Ausfall einer Platte die anderen deren Rolle übernehmen. Nach dem Austausch der defekten Platte wird das System wieder automatisch regeneriert. Die 6 in Betrieb befindlichen Platten bieten die etwa Kapazität von 5 Platten. Für ein Raid 5 System wird ein externer Controller benötigt. Seine Inbetriebnahme sollte durch qualifiziertes und verantwortungsbewußtes Personal erfolgen. Es sind Fälle bekannt, in denen auf diesen Systemen Dateien zerstört wurden. Einige der zerstörten Dateien hatten dann eine Größe von 0 Byte. Andere wiesen keine äußerlichen Merkmale ihrer Zerstörung auf. Die Schäden waren irreparabel.

Als Bandgeräte sind Streamer und Travan stark verbreitet. Streamer sind normalerweise an den SCSI-Bus, Tarvan an die LPT-Schnittstelle des Rechners angeschlossen. Mit Bandgeräten können Platten oder Verzeichnisse von Rechnern gesichert werden. Über das Netzwerk können auch entfernte Rechner gesichert werden. Für die Datensicherung muß ein Programm gestartet werden. Es gibt Programme, die ständig laufen und die Sicherung täglich zu einer bestimmten Tageszeit automatisch starten. Dabei kann dann alles oder nur die Daten neueren Datums gesichert werden. Letzteres spart

Zeit und Platz. Prinzipiell gibt es also zwei Verfahren:

1. Die sporadische Sicherung. Im Ergebnis derer hat man einen bestimmten (oft alten) Stand seiner Daten auf Band.
2. Die ständige Sicherung. Im Ergebnis derer hat man (je nach Einstellung der Software) den Stand der letzten Nacht auf Band.

Die ständige Sicherung vermittelt dem Personal Sicherheit. Dabei erfordert sie einen ständigen zusätzlichen Aufwand an Kontrolle und Verwaltung. Ist der Betrieb nicht in der Lage, diesen zusätzlichen Aufwand mit höchster Sicherheit zu gewährleisten, sollte auf die ständige Sicherung verzichtet werden.

Software und Bandgeräte sind sehr vielfältig. Bei der Ausrüstung muß beachtet werden, daß die Daten auf den Medien bei Ausfall eines eigenen Gerätes (ggf. durch andere) wiederhergestellt werden können.

Das Schreiben einer CD ist relativ aufwendig. Die Kapazität beträgt 650 bzw. 700 MB. Eine CD kann durch fast jeden Arbeitsplatz gelesen werden.

Mit diesen Leistungen bieten sich für die oben genannten Bedürfnisse des Betriebes die folgenden Konstellationen an:

- Systeme (Installationen der Rechner und Maschinen)
  Für den schlimmsten Fall sollten für die Rechner immer Notfall-Disketten bereitliegen. In Ergänzung dazu sind die Systeme (einschl. installierter Programme) der Rechner auf Bänder gesichert.

  Für eine besonders hohe Verfügbarkeit lohnt sich ein Raid 1. Aus Sparsamkeit wird das System wie folgt modifiziert. Die Platte mit dem System (Nummer 0) wird auf eine Platte mit der Nummer X gespiegelt. Nach der Spiegelung der Platten wird die Spiegelung ausgeschaltet. Dann wird der Rechner heruntergefahren und die Platte mit der Nummer 0 ausgeschaltet. Der Betrieb des Rechners erfolgt mit der Platte X. Bei einem Defekt des Systems (auch bei mißlungenen Änderungen) wird der Rechner ausgeschaltet und die Platte 0 eingeschaltet. Der Betrieb des Rechners erfolgt dann mit der Platte 0. Ggf. können noch Daten von der Platte X kopiert werden. Es gab schon mehrere Fälle, wo so nach wenigen Minuten der Betrieb wieder aufgenommen werden konnte. Die Spiegelung der Platte 0 muß nach Änderungen des Systems auf X aktualisiert werden.

- Betriebsdaten (Faktura, Schriftverkehr ...)
Die Betriebsdaten bestehen aus wenigen kleinen Dateien. Sie werden täglich auf einen zweiten Rechner kopiert. Dort sind sie unter dem entsprechendem Datum abgelegt. Nach einigen Wochen werden die alten Daten gelöscht. Alte Briefe und Texte werden auf CD gesichert.
- Online-Daten (Server-Dienste)
Für Online-Daten lohnt sich ein Raid 5 System.
- Externe Software und Treiber
Für Sicherheitskopien von Programmen und Treibern sind CD's angemessen.
- Tagesdaten (Plot-Dateien).
Tagesdaten werden nicht gesichert. Dafür sprechen drei Überlegungen:
  - die Zuverlässigkeit eines sich im Dauerbetrieb befindlichen Rechners ist ausreichend,
  - der Aufwand der Wiederholung ist für den Kunden zumutbar und
  - auf die Aufzeichnung und Lagerung von Daten Dritter sollte aus Gründen des Datenschutzes prinzipiell verzichtet werden.

Für die Lebensdauer der Medien kenne ich keine vertrauenswürdigen Daten. Mit großer Vorsicht gehe ich von
1 Jahr für Bänder im Dauerbetrieb,
2 Jahre für Platten im Dauerbetrieb
5 Jahre für CD aus.

C3.4 Zuverlässigkeit

Technische Störungen gibt es vielerorts: im Haushalt und im Weltraum.

In der EDV reprografischer Betriebe können diese Störungen große Kosten verursachen. Geht man von einer funktionierenden Datensicherung aus, verbleiben für eine genauere und kostenrelevante Betrachtung die folgenden Aspekte:
- Ausfälle in der Produktion,
- Wartungsverträge und
- eigene Kapazitäten für Reparaturen.

Eine genaue Analyse der Problematik würde den Rahmen dieses Kapitels sprengen. Deshalb nur die folgenden Denkanstöße mit stark vereinfachten Ansätzen.

Jedes Bauteil hat eine bestimmte Zuverlässigkeit. Die Schattenseite dieser Eigenschaft heißt Ausfallwahrscheinlichkeit.

Die Zuverlässigkeit ist die Fähigkeit einer Betrachtungseinheit, innerhalb der vorgegebenen Grenzen, denjenigen durch den Verwendungszweck bedingten Anforderungen zu genügen, die an das Verhalten ihrer Eigenschaften während einer gegebenen Zeitdauer gestellt werden.

Die Zuverlässigkeit (Reliability) R wird im wesentlichen durch die MTBF (Mean Time Between Failure) bestimmt. Die MTBF läßt sich als die Zeit zwischen zwei Ausfällen verstehen (Summe der Betriebsstunden/Summe der Störungen). Sie ist konstruktiv vorbestimmt und wird von vielen Herstellern in der Dokumentation genannt. In der Praxis wird sie jedoch durch besondere Betriebsbedingungen positiv und negativ erheblich beeinflußt.

Theoretisch gilt zwischen Zuverlässigkeit und MTBF der folgende Zusammenhang:
R=EXP(-t/MTBF).
Wobei "t" die Betriebsdauer ist.

Danach muß für ein Gerät, daß mit 99%iger Wahrscheinlichkeit ein Jahr ungestört funktionieren soll, eine MTBF von 100 Jahren erwartet werden. Für ein Gerät, daß mit 99%iger Wahrscheinlichkeit einen Tag ungestört funktionieren soll, muß eine MTBF von 100 Tagen erwartet werden.
Für das Verständnis wird das folgende Beispiel konstruiert:
Für ein Produkt wird ein Rechner und ein Plotter benötigt. Der Rechner hat eine MTBF von 100 Tagen, der Plotter von 500 Tagen. Dann wird der Rechner fünf Arbeitstage mit der Wahrscheinlichkeit von 95,1% der Plotter mit 99% ohne Störung überstehen. Als funktionale Einheit werden beide die Arbeitstage mit 94,1%iger Wahrscheinlichkeit ohne Störung überstehen. Nach 500 Arbeitstagen ergeben sich für Rechner: 0,67%, für den Plotter: 36,8% und Gesamt: 0,23%. Das ist schon recht

unwahrscheinlich. Aus diesem Beispiel lassen sich zwei Schlüsse ziehen:

1. Wenn dem Betrieb eine Zuverlässigkeit von 94,1% gerade so genügt, muß er sich jede Woche einen neuen Rechner und Plotter kaufen.
2. Als Alternative zur Neubeschaffung nimmt man die Störungsbeseitigung in Kauf.

Für die Störungsbeseitigung in Eigenleistung muß ein Maß gefunden werden. Irgendwann ist Neubeschaffung billiger als Reparatur. Deshalb müssen die Störungen dokumentiert und ausgewertet werden. Dafür scheint sich das Systemwirksamkeitsmodell der Firma MTG gut zu eignen.

Das Modell basiert auf dem Verständnis der "Betrieblichen Wirksamkeit".

Die Betriebliche Wirksamkeit ist die Wahrscheinlichkeit,
mit der Geräte für eine bestimmte Betriebsdauer
aus eigener Kraft (Störungsbeseitigung durch Eigenleistung)
wirksam bleiben.

Die Betriebliche Wirksamkeit (V) setzt sich aus der Technischen Verfügbarkeit (A) und Systemstabilität (D) zusammen: $V = A*D$.

Die Technische Verfügbarkeit ergibt sich aus der MTBF und der Instandsetzungszeit MTTR (Mean Time To Repair) aller Störungen. Zur MTTR gehört die gesamte Ausfallzeit einschließlich Fehlersuche. Damit ergibt sich: $A = MTBF/(MTBF+MTTR)$.

Die Systemstabilität setzt sich aus der Zuverlässigkeit (R) und dem Instandsetzungsfaktor (M) zusammen. Der Instandsetzungsfaktor ist das Verhältnis von in Eigenleistung beseitigten Störungen zu der Summe aller Störungen: $M=NE/NG$. Die Systemstabilität berechnet sich nach: $D=R^{(1-M)}$.

Als Beispiel soll der oben erwähnte Zeitraum von 500 Tagen gelten. In dieser Zeit hatte der Plotter eine Störung, die durch den Kundendienst beseitigt wurde. Der Rechner stürzte 5 mal ab. Die Störungen sind wie folgt charakterisiert:

1. Rechner abgestürzt: Zeit: 0,25 Stunden,
2. System instabil, System vom Band zurückgesichert: 2 Stunden,
3. Rechner wird langsam: Defragmentierung 1 Stunde,
4. Rechner abgestürzt: Zeit: 0,25 Stunden,
5. Lüfter defekt : 1 Stunde

Nach dem MTG-Modell ergeben sich daraus die folgenden Ergebnisse:

	Rechner	Plotter
Betriebstage	500	500
Störungen	5	1
MTBF [Tage]	100	500
R	0,67	36,8
M	1	0
D	1	36,8
A	99,8	1
V	99,8	36,8

Für das Beispiel gelten die folgenden Schlußfolgerungen:

- Technik, die nur durch Fachpersonal gewartet werden kann, sollte sehr zuverlässig sein.
- Technik, die in Eigenleistung repariert werden kann, hat trotz geringer Zuverlässigkeit für den Betrieb eine hohe Verfügbarkeit.

C4 Häufige Fehlerquellen

Auch im Rahmen allgemein anerkannter Regeln der Technik kann mal etwas plötzlich nicht mehr funktionieren. In der Praxis hat das oft die folgenden Ursachen:

1. Ein Programm hat ein anderes „abgeschossen".
Viele Programme laufen mit Unterprogrammen, die „unbemerkt" im Hintergrund laufen. Andere versetzen die Hardware (insbesondere Karten) in einen für die Funktion notwendigen bestimmten Zustand. Mitunter können sich die Programme dabei gegenseitig stören. In dieser Situation kann das Herunterfahren des Rechners helfen. Dann sollte der Rechner ausgeschaltet werden. Nach etwa 15 Sekunden kann der Rechner wieder hochgefahren werden.

2. Dateinamen
Auch einige moderne Maschinen funktionieren nur nach DOS-Regeln. Sollte eine Maschine aus vielen Dateien mal eine nicht verarbeiten, kann das an Umlauten im Dateinamen liegen. Mit solchen Maschinen im Betrieb, beschränkt man sich am besten grundsätzlich in der Anzahl auf 8 Buchstaben (ohne Umlaute) und Ziffern für Datei- und Verzeichnisnamen.

3. Lose Stecker

Theoretisch kaum vorstellbar doch in der Praxis nicht selten: Stecker sind lose. Bei Fehlermeldungen sollte deshalb zunächst der Zustand der Steckverbindungen und Ein/Aus-Schalter kontrolliert werden.

4. Netzprobleme

Lange Übertragungszeiten sowie das „Verschwinden" von Rechnern und Maschinen im Netz deuten auf Materialprobleme im Netzwerk. Das Material für den Umbau des im Kapitel Systemstruktur dargestellten Netzwerkes auf 100MB einschließlich Switch, Hub, Kabel, Tranciever und Karten hat 600,00 DM gekostet. Derartige Probleme sind also wirklich überflüssig.

5. Lüfter

Der Prozessor des Rechners erzeugt Wärme. Deshalb muß er gekühlt werden. Das geschieht durch einen aufgesetzten Lüfter. Durch Staub, auch Papierstaub, setzen sich diese Lüfter fest. Es kommt zum Wärme-Stau. Der Prozessor hat Fehlfunktionen und kann beschädigt werden. In der Produktion kann ein Lüfter eine Lebensdauer von einem Jahr haben.

6. Festplatten

Von den Festplatten holen sich die Rechner ihre Betriebssysteme und Programme. Auch ihre Dateien legen sie dort ab. Letzteres geschieht meist chaotisch. Das führt zu einem erhöhten Aufwand beim Schreiben und Lesen. Deshalb sollten die Platten regelmäßig aufgeräumt werden. Dieser Vorgang wird als Defragmentieren bezeichnet. Das Defragmentieren erledigen spezielle Programme.

Theoretisch haben Festplatten eine sehr lange Lebensdauer. Durch Erschütterungen und zu hohe Temperaturen wird sie in der Praxis stark verkürzt. Deshalb sollten normale Rechner nur im ausgeschaltetem Zustand bewegt werden. In Rechnern simiprofessioneller Anbieter muß kontrolliert werden, daß die Platten
-   auch wirklich am Gehäuse befestigt wurden und
-   durch den Luftstrom im Gehäuse großflächig erreicht werden.

Sollte es während der Betriebes der Rechner öfters Probleme geben, kann das auch auf eine Beschädigung der Platten hindeuten. Dagegen gibt es Programme, z.B. „chkdsk" die die Platten kontrollieren und beschädigte Bereiche außer Betrieb nehmen.